珍藏本
纪念版

汉译世界学术名著丛书

论自由

〔英〕约翰·密尔 著

许宝骙 译

商务印书馆
SINCE 1897 The Commercial Press
2017年·北京

John Stuart Mill

ON LIBERTY

London

George Routledge & Sons, Ltd.

New York

E. P. Dutton & Co.

据伦敦劳特里奇父子公司和纽约

达顿公司版本译出

密　尔

(1806—1873)

汉译世界学术名著丛书
（120 年纪念版·珍藏本）
出 版 说 明

2017 年 2 月 11 日，商务印书馆迎来 120 岁的生日。120 年前，商务印书馆前贤怀揣文化救国的理想，抱持“昌明教育，开启民智”的使命，立足本土，放眼寰宇，以出版为津梁，沟通中西，为中国、为世界提供最富智慧的思想文化成果。无论世事白云苍狗，潮流左右激荡，甚至战火硝烟弥漫，始终践行学术报国之志，无改初心。

迻译世界各国学术名著，即其一端。早在 20 世纪初年便出版《原富》《天演论》等影响至今的代表性著作，1950 年代后更致力于外国哲学和社会科学经典的译介，及至 1980 年代，辑为“汉译世界学术名著丛书”，汇涓为流，蔚为大观。丛书自 1981 年开始出版，历时三十余年，迄今已推出七百种，是我国现代出版史上规模最大、最为重要的学术翻译工程。

丛书所选之书，立场观点不囿于一派，学科领域不限于一门，皆为文明开启以来，各时代、各国家、各民族的思想与文化精粹，代表着人类已经到达过的精神境界。丛书系统译介世界学术经典，引领时代思想，为本土原创学术的发展提供丰富的文化滋养，为推动中国现代学术和现代化进程做出了突出的贡献。

为纪念商务印书馆成立120周年，我们整体推出“汉译世界学术名著丛书”120年纪念版的珍藏本，寄望既利于文化积累，又便于研读查考，同时向长期支持丛书出版的译者、编者和读者致以敬意。

两甲子后的今天，商务印书馆又站在了一个新的历史时间节点上。我们不仅要铭记先辈的身影和足迹，更须让我们的步伐充满新的时代精神。这是商务人代代相传的事业，更是与国家和民族的命运始终紧密相连的事业。我们责无旁贷，必须做好我们这代人的传承与创造，让我们的努力和成果不仅凝聚成民族文化的记忆，还能成为后来人可以接续的事业。唯此，才能不负前贤，无愧来者。

商务印书馆编辑部

2017年10月

目　　录

第一章　引论

这篇论文的主题不是所谓意志自由，不是这个与那被误称为哲学必然性的教义不幸相反的东西。这里所要讨论的乃是公民自由或称社会自由，也就是要探讨社会所能合法施用于个人的权力的性质和限度。这个问题，很少有人用一般性的说法予以提出，更从来没有人用一般性的说法加以讨论，但是它却在暗中深刻地影响着当代一些实践方面的争论，并且看来不久就会被公认为将来的重大问题。它远非什么新的问题，从某种意义说，它几乎从最远的年代以来就在划分着人类；不过到了人类中比较文明的一部分现在已经进入的进步阶段，它又在新的情况下呈现出来，要求人们给以一种与前不同而且较为根本的处理。

自由与权威之间的斗争，远在我们所最早熟知的部分历史中，特别在希腊、罗马和英国的历史中，就是最为显著的特色。但是在旧日，这个斗争乃是臣民或者某些阶级的臣民与政府之间的斗争。那时所谓自由，是指对于政治统治者的暴虐的防御。在人们意想中（除开在希腊时代一些平民政府中而外），统治者必然处于与其所统治的人民相敌对的地位。所谓统治者，包括实行管治的“一夫”，或者实行管治的一族或一个世袭阶级，其权威系得自继承或征服；无论如何，他们之握持权威绝不视被管治者高兴与否；人们对其至尊无上的地位从不敢有所争议，或许竟不想有所争议，不论会采取什么方策来预防其压迫性的运用。他们的权力被看作是必要的，但也是高度危险的；被看作是一种武器，统治者会试图用以对付其臣民，正不亚于用以对付外来的敌人。在一个群体当中，为着保障较弱成员免遭无数鸷鹰的戕贼，就需要一个比余员都强的贼禽受任去压服它们。但这个鹰王之喜戕其群并不亚于那些较次的食物，于是这个群体又不免经常处于须要防御鹰王爪牙的状态。因此，爱国者的目标就在于，对于统治者所施用于群体的权力要划定一些他所应当受到的限制；而这个限制就是他们所谓自由。谋取这种限制之道有二。第一条途径是要取得对于某些特权即某些所谓政治自由或政治权利的承认，这些自由或权利，统治者方面若加侵犯，便算背弃义务，而当他果真有所侵犯时，那么个别的抗拒或者一般的造反就可以称为正当。第二条途径，一般说来系一个比较晚出的方策，是要在宪法上建立一些制约，借使管治权力方面某些比较重要的措施须以下列一点为必要条件：即必须得到群体或某种团体的想来是代表其利益的同意。上述两种限制方式之中，第一种曾在多数欧洲国度里迫使统治权力或多或少有所屈服；第二种却未能这样，于是要求做到这种限制，或者在已经达到某种程度之后还要求更加完全，就到处都成为爱好自由的人们的主要目标。从历史上看，只要人类一天还满足于以另一个敌人去攻斗一个敌人，还满足于在多少有些有效保证足以对付主人的暴虐的条件之下便由一个主人来统治自己，他们就还没有使自己的渴望超越这点之外。

但是，在人类事务前进过程中来到了这样一个时代：人们对于管治者之成为一种独立的权力而在利害上与他们自己相反对，已不复认为是一种自然的必要。他们看到，国家的各种官府若成为他们的租户或代表，可以随他们的高兴来撤销，那就要好得多。他们看到，只有那样，他们才能享有完全的保证使政府权力永不致被妄用到对他们不利。这个想使统治者出于选举并且仅任短期的新要求，逐渐变成了平民政党——只要哪里有过这种政党——所致力的显明目标，在相当不小的程度上代替了以前仅要限制统治者的权力的努力。随着这种要使统治权力出自被统治者的定期选择的斗争的前进，有些人开始想到，从前对于限制权力本身这一点倒是看得过重了。那（看来可能）原是用以抵制在利害上惯于和人民反对的统治者的一种办法。而现在所要的则是，统治者应当与人民合一起来，统治者的利害和意志应当就是国族的利害和意志。国族无须对自己的意志有所防御。不必害怕它会肆虐于其自身。只要有效地做到使统治者对国族负责，可以及时地被国族撤换，那么国族就不怕把自己能够支配其用途的权力托给他们。统治者的权力实即国族自己的权力，不过是集中了，寓于一种便于运用的形式罢了。这种思想形态，或许毋宁说是感想形态，在前一代欧洲的自由主义当中曾很普遍，而在大陆的一支当中则至今还明显地占着优势。现时在欧洲大陆上，若还有人认为对政府所可做的事情可以有所限制——对于他们认为根本不应存在的那种政府是另一说——他就要算是政治思想家当中光辉的例外了。拿我们自己的国度来看，同样的情调也许到今天还会得势，假如那种在一个时期曾经鼓励这种情调的情势始终未变的话。

但是，在政治理论和哲学理论当中，正和在人当中一样，成功

倒会把失败所会掩住的错误和弱点暴露出来。那个认为人民无须限制自己施用于自己的权力的观念，当平民政府还只是一个梦想的东西的时候，或者还只是一个见诸载籍存于远古的东西的时候，听来颇成一条自明的公理。一些暂时性的反常情况，就像法国革命那样，也并不必然会摇动那个观念，因为那种情况最坏也不过是篡窃者少数的运用，无论如何也不属于平民政制的恒常运用，而只算是反对君主专制和贵族专制的一个突然的、骚动性的爆发。可是，时间过去，终于出现了一个民主共和国，占据着地球上面很大的一块，表现为国族群体中最有力量的成员之一；既有这巨大的现存事实足供窥察，于是这种选举制和责任制政府就成为观察和批评的对象。这时人们就觉察出来，原来所谓"自治政府"和所谓"人民施用于自身的权力"等类词句，并不表述事情的真实状况。运用权力的"人民"与权力所加的人民并不永是同一的；而所说的"自治政府"亦非每人管治自己的政府，而是每人都被所有其余的人管治的政府。至于所谓人民意志，实际上只是最多的或者最活跃的一部分人民的意志，亦即多数或者那些能使自己被承认为多数的人们的意志。于是结果是，人民会要压迫其自己数目中的一部分；而此种妄用权力之需加防止正不亚于任何他种。这样看来，要限制政府施用于个人的权力这一点，即在能使掌权者对于群体，也就是对于群体中最有力的党派正常负责的时候，也仍然丝毫不失其重要性。这个看法，因其既投合思想家们的智虑，又同样投合欧洲社会中那些在其真实的或假想的利害上与民主适相反对的重要阶级的意向，自然不难树立起来；在今天的政治思想中，一般已把"多数的暴虐"这一点列入社会所须警防的诸种灾祸之内了。

和他种暴虐一样，这个多数的暴虐之可怕，人们起初只看到，现在一般俗见仍认为，主要在于它会通过公共权威的措施而起作用。但是深思的人们则已看出，当社会本身是暴君时，就是说，当社会作为集体而凌驾于构成它的各别个人时，它的肆虐手段并不限于通过其政治机构而做出的措施。社会能够并且确在执行它自己的诏令。而假如它所颁的诏令是错的而不是对的，或者其内容是它所不应干预的事，那么它就是实行一种社会暴虐；而这种社会暴虐比许多种类的政治压迫还可怕，因为它虽不常以极端性的刑罚为后盾，却使人们有更少的逃避办法，这是由于它透入生活细节更深得多，由于它奴役到灵魂本身。因此，仅只防御官府的暴虐还不够；对于得势舆论和得势感想的暴虐，对于社会要借行政处罚以外的办法来把它自己的观念和行事当作行为准则来强加于所见不同的人，以束缚任何与它的方式不相协调的个性的发展，甚至，假如可能的话，阻止这种个性的形成，从而迫使一切人物都按照它自己的模型来剪裁他们自己的这种趋势——对于这些，也都需要加以防御。关于集体意见对个人独立的合法干涉，是有一个限度的；要找出这个限度并维持它不遭侵蚀，这对于获致人类事务的良好情况，正同防御政治专制一样，是必不可少的。

这个命题虽然在一般的说法下大概不会有何争论，但实践的问题在于究竟应该把这个限度划在哪里？也就是说，究竟应该怎样在个人独立与社会控制之间做出恰当的调整？这就是一个几乎一切工作尚待着手的题目了。凡一切足使存在对人有价值者，莫不赖对他人行动有所约束。因此，必须有某些行为准则，首先由法律来强加于某些事情，而对于许多不宜由法律来起作用的事情，还要由舆论来办。那些准则究竟应当是什么,乃是人类事务中的首要问题;假如把少数最明显的情事除外来说,这也是在解决方面前进得最少的问题之一。没有两个时代,也很少有两个国度,对这个问题的决定是一致的;一个时代或一个国度的决定在另一个时代或另一个国度看来就感到诧异。可是任何一个特定的时代或国度的人们对这问题却并不感到任何疑难,恰像对于一个全人类所见一直相同的题目一样。他们在自己当中所获致的准则,在他们看来乃是自明的和自当的。这个普遍的错觉可说是习俗的魔术性的势力之一例。习俗这东西,不仅如老话所说是第二天性,简直是一向被误待为第一天性。习俗在阻止对于人类所相互强加的行为准则发生任何疑虑这一点上更有着完全的效力,因为在这个题目上一般都不认为必须提出理由,不论是一人对于另一人,或者是每人对于他自己。人都习惯于相信,亦曾受到某些热烈倾向于哲学家性格的人们的鼓励去相信:在这种性质的题目上,他们的感想是优于理性的,从而就使理性成为不必要。导引他们达致关于约制人类行为的意见的一条实际的原则乃是各人心中的这样一种感想,即认为凡人都应当被要求按照他和他所与有同感的人们所愿意他们做的那样去做。确实,没有一个人对自己承认,他的判断标准乃是他自己的爱好;但在有关行为的问题上,一个没有理由作根据的意见实在只能算是一个人的择取;并且假定提出了只是诉诸他人的同样的择取的理由,那仍不过是多人的但非一人的爱好罢了。但是在一个常人看来,他自己的并且有他人与之相同的这种择取,对于他在道德上、趣味上、或者礼俗上所抱的观念来说,不仅是一个完全圆满的理由,而且一般说来是他所有的唯一的理由;那些观念并没有明白地写在他的宗教信条之中，但即使在宗教信条方面，指导他的看法的东西主要也是他自己的解释。这就可见，人们在什么可褒什么可贬这一点上的意见，乃是为影响着他们对他人行为的意愿的一切纷繁多样的缘由所左右。影响人们在这一点上的意愿的缘由，也和规定人们在其他任何问题上的意愿的缘由一样，为数是极多的。这有时是他们的理性，有时又是他们的成见或迷信；往往是他们的社交性的爱好，时而又是他们的反社交性的爱好；是他们的妒意或忌心，是他们的妄自尊大或鄙薄他人；而最称一般的则是他们为己的欲望或恐惧，也就是他们的合法的或不合法的切身利益。特别要指出，若是哪个国度里有着一个占优势的阶级，那么一国的道德必是大部分发自那个阶级的阶级利益和阶级优越感。例如斯巴达人(Spartan)与其赫劳特农奴(Helot)之间的道德、殖民者与黑人之间的道德、君主与臣民之间的道德、贵族与平民之间的道德以至男人与女人之间的道德，便大部分是那些阶级利益和阶级优越感的创造物；而这样产生出来的情操反过来又对优势阶级的成员们自己相互关系中的道德情绪起作用。另一方面，若是以前居于优势的阶级已失其优势，或者其优势已不孚众望，那么当时得势的道德情操就往往带有一种痛恶优越的意味。此外，关于法律或舆论所支持的行为准则，无论是许为或者是不许为，还有一点重大的、决定性的缘由，就是人类对其现世主人或所奉神祇的假想中的好恶取舍的奴性服从。这种奴性服从，尽管本质上是自私的，却非伪善；它育出一种完全真纯的憎恶情操，竟至使得人们会烧死眩人和异端者。至于说到其余许多较低的影响力量，其中当然有社会一般的和明显的利害这一点在导引道德情操

方面起着一分而且是颇大一分的作用。但这与其说是出于理性，说是由于社会利害自身，还不如说是出于从社会利害中生出的爱憎之感者为多。这爱憎之感对社会利害很少或者全无影响，在树立各项道德方面则表现为很大的力量。

这样看来，在实际上决定那些在法律惩罚或舆论支持之下要大家注意遵守的行为准则的主要东西，乃是社会的好恶，或社会中一些有势力的部分的好恶。对于这个情形，一般说来，就是一些在思想和感想方面都走在社会前头的人们也从未从原则上加以攻击，尽管他们在其中某些细目上会和它发生冲突。他们宁从事于探讨何事为社会所当好所当恶，而不去究问社会的好恶对于个人是否应当成为法律。他们宁愿就着他们自己持有异说的某些特定之点努力去改变人类的感想，而不把保卫自由、保障一切异端作为一般性的主张。只在一宗情事上，也只是随处有个别的人采取了有原则的较高的立场，并且一贯地维持下去，那就是在宗教信仰方面。这事在许多方面都有启发指示的意义，而就所谓道德感觉之不能无误这一点说来，尤不失为一个最显明的例证；如神学家之相仇，就一个真诚的执迷者说来，确是道德情绪的最明白的事例之一。那首先冲破所谓一统教会的束缚的人们，一般说来，原也和那教会一样不愿允许宗教意见有所歧异。但是当冲突的热劲已过，各派都没有取得完全胜利，而每一教会或教派都降至仅希望保持其已得阵地的时候，这些少数派既见自己没有变成多数派的机会，乃不得不向他们所无法改变的人们吁请允许分歧。于是在这个战场上，也几乎仅仅在这个战场上，个人反对社会的权利才在有原则的广阔立场上为人们所主张，而社会想对倡异者施用权威的要求

也才受到公开的争议。那些替世界创获它所享有的宗教自由的伟大作家们，多数都力主良心自由乃是一种无法取消的权利，都绝对否认一个人须为他自己的宗教信仰来向他人作出交代。可是人类在他所真正关心的事情上是这样自然而然地不能宽容，以至宗教自由实际上竟很少在什么地方得到实现，除非把那种厌恶神学争吵扰乱宁静而对宗教漠不关心的情况也加在宗教自由方面来算。即使在最富宽容的国度里，在几乎一切宗教人士的心中，对于宽容的义务的承认还是带有暗含的保留的。这一位在有关教会政府的问题上会带着异议加以容忍，但在有关教条的问题上则又不然；另一位能宽容一切人，独不能宽容一个天主教徒或一神教徒；又一位，只对信仰神启的宗教的一切人士都表宽容；还有少数人把宽容更稍稍推展一步，但碰到相信上帝和相信彼界时则又不能通融。总之可以说，凡在多数之感还真切强烈的地方，就不会看到服从多数之主张会有多少减弱。

在英国，由于我们政治历史上的一些特殊情况，和欧洲多数其他国度相比起来，舆论的束缚虽然或许较重，法律的束缚则是较轻的；在这里，对于使用立法权力或行政权力来直接干涉私人行为这一点，有着相当不小的嫉恨；这种嫉恨与其说是出自对于个人独立有什么正确的看法，倒不如说更多地是由于人们还存有一种思想习惯，把政府看作代表着与公众相反的利益的机构。多数人还没有学会去体认政府的权力就是他们的权力，政府的意见就是他们的意见。一旦他们学到这样，个人自由就许会遭到来自政府方面的侵犯，一如它已经遭到来自舆论方面的侵犯。但是，就目前论，这里正有着一种相当分量的情绪，随时都会引起来，去反对任何想要使用法律在人们迄今未曾受惯法律控制的一些事情上面来对个人进行控制的企图；至于这个事情究竟是否应当在法律控制的合法范围之内，这种反对情绪则并未怎样加以审辨；因此这种情绪，整个说来固属高度健康，但在应用到特定的事例时，也或常常被误用，正如它也常常有很好的根据一样。事实上，我们并没有什么公认的原则，习惯地用来测定政府干涉之当与不当。人们对此的决定都是依据本人的择取。有些人看到有什么好事要做，或者有什么灾祸要救，就情愿唆使政府去担负这个任务；另一些人则宁愿忍受任何数量的社会灾祸，而不愿在人生利害各部类当中加添要听从政府控制这一项。在一切特定的事件上，人们把自己分别列入这一边或那一边。他们在决定时，是依据他们情操上的这种一般方向，或者依据他们对于拟议中要由政府来做的这件特定事情所感到的利弊程度，又或者要看他们怎样相信政府会或是不会如他们所喜欢的样子去做；若说他们一贯抱有什么定见，认为什么事情宜由政府去做，那是非常少有的。在我看来，由于这样没有准则或原则，结果是，就现在说，这一边和那一边同样常都错误；人们几乎相等地不是不适当地乞灵于政府的干涉就是不适当地加以谴责。

本书的目的是要力主一条极其简单的原则，使凡属社会以强制和控制方法对付个人之事，不论所用手段是法律惩罚方式下的物质力量或者是公众意见下的道德压力，都要绝对以它为准绳。这条原则就是：人类之所以有理有权可以各别地或者集体地对其中任何分子的行动自由进行干涉，唯一的目的只是自我防卫。这就是说，对于文明群体中的任一成员，所以能够施用一种权力以反其意志而不失为正当，唯一的目的只是要防止对他人的危害。若说为了那人自己的好处，不论是物质上的或者是精神上的好处，那不成为充足的理由。人们不能强迫一个人去做一件事或者不去做一件事，说因为这对他比较好，因为这会使他比较愉快，因为这在别人的意见认为是聪明的或者甚至是正当的；这样不能算是正当。所有这些理由，若是为了向他规劝，或是为了和他辩理，或是为了对他说服，以至是为了向他恳求，那都是好的；但只是不能借以对他实行强迫，或者说，如果他相反而行的话便要使他遭受什么灾祸。要使强迫成为正当，必须是所要对他加以吓阻的那宗行为将会对他人产生祸害。任何人的行为，只有涉及他人的那部分才须对社会负责。在仅只涉及本人的那部分，他的独立性在权利上则是绝对的。对于本人自己，对于他自己的身和心，个人乃是最高主权者。

或许无须多加说明，这条教义只适用于能力已达成熟的人类。我们不是在论幼童，或是在论尚在法定成年男女以下的青年。对于尚处在需要他人加以照管的状态的人们，对他们自己的行动也须加以防御，正如对外来的伤害须加以防御一样。根据同样理由，对于那种种族自身尚可视为未届成年的社会当中的一些落后状态，我们也可以置诸不论。在自发的进步途程中，早期的困难是如此严重，以致在克服困难的手段方面竟难容许有所选择；因此若遇有一个富有改善精神的统治者，他就有理由使用任何便宜方略借以达成一个非此就许不能达成的目的。在对付野蛮人时，专制政府正是一个合法的型式，只要目的是为着使他们有所改善，而所用手段又因这个目的之得以实现而显为正当。自由，作为一条原则来说，在人类还未达到能够借自由的和对等的讨论而获得改善的阶段以前的任何状态中，是无所适用的。不到那样的时候，人们只有一无所疑地服从一个阿喀霸(Akbar)或者一个查理曼(Charlemagne)，假如他们幸而找到那样一位大帝的话。但是，一到人类获得了这种能力可以借说服或劝告来引他们去自行改善的时候(这个时期，所有国族老早已经达到，这里也必须提到我们自己)，强制的办法，无论出以直接的形式或者出以如有不服则加痛惩的形式，就不能再成为为着他们自己的好处而许可使用的手段，就只有以保障他人安全为理由才能算是正当的了。

应当说明，在这篇论文中，凡是可以从抽象权利的概念(作为脱离功利而独立的一个东西)引申出来而有利于我的论据的各点，我都一概弃置未用。的确，在一切道德问题上，我最后总是诉诸功利的；但是这里所谓功利必须是最广义的，必须是把人当作前进的存在而以其永久利益为根据的。我要力争说，这样一些利益是享有威权来令个人自动性屈从于外来控制的，当然只是在每人涉及他人利益的那部分行动上。假如有人做出了一个有害于他人的行动，这就是一桩一望而知要对他处罚的事件，可以用法律来办，或者当法律惩罚不能妥善适用时，也可以用普遍的谴责。还有许多积极性的对他人有益的行动，要强迫人们去做，也算是正当的：例如到一个法庭上去作证；又如在一场共同的自卫斗争当中，或者在为他所受其保护的整个社会利益所必需的任何联合工作当中，担负他的一分公平的任务；还有某些个别有益的行动，例如出力去拯救一个人的生命，挺身保护一个遭受虐待而无力自卫的人，等等。总之，凡显系一个人义务上当做的事而他不做时，就可要他对社会负责，这是正当的。须知一个人不仅会以其行动贻患于他人，也会

因其不行动而产生同样的结果，在这两种情况下要他为此损害而对他们负责交代，都是正当的。当然，要在后一种情况下施行强制，比在前一种情况下需要更加慎重。一个人做了祸害他人的事，要责成他为此负责，这是规则；至于他不去防止祸害，要责成他为此负责，那比较说来就是例外了。尽管是例外，在许多足够明显和足够重大的情事上却足以明其为正当。一个人在有外涉关系的一切事情上，对于涉及其利害的那些人在法理上都是应当负责的，并且假如必需的话，对于作为他们的保护者的社会也是应当负责的。也常有些好的理由可以不对他课以责任；但那些理由必须是出自特殊的权宜之计：不外是因为情事本身就属于这样一类，若由社会依其权力中所有的什么法子来对他加以控制，反不如听他自己考虑裁处，整个看来似乎会办得更好；或者是因为若试图加以控制，将会产生其他祸害，比所要防止的祸害还大。应当指出，既有这样一些理由免除了事先的课责，这时主事者本人就应使自己的良心站入空着的裁判席，去保护他人的那些没有外来保护的利益；要更加严格地裁判自己，正因为这情事不容他在同胞的裁判面前有所交代。

但是也有这样一类行动对于社会说来，就其有别于个人之处来看，只有（假如还有的话）一种间接的利害。这类行动的范围包括一个人生活和行为中仅只影响到本人自己的全部，或者若说也影响到他人的话，那也是得有他们自由自愿的、非经蒙骗的同意和参加的。必须说明，我在这里说仅只影响到本人，意思是说这影响是直接的，是最初的：否则，既是凡属影响到本人的都会通过本人而影响到他人，也未可知，那么，凡可根据这个未可知之事而来的反对也势须予以考虑了。这样说来，这就是人类自由的适当领域。这个领域包括着，第一，意识的内向境地，要求着最广义的良心的自由；要求着思想和感想的自由；要求着在不论是实践的或思考的、是科学的、道德的或神学的等等一切题目上的意见和情操的绝对自由。说到发表和刊发意见的自由，因为它属于个人涉及他人那部分行为，看来像是归在另一原则之下；但是由于它和思想自由本身几乎同样重要，所依据的理由又大部分相同，所以在实践上是和思想自由分不开的。第二，这个原则还要求趣味和志趣的自由；要求有自由订定自己的生活计划以顺应自己的性格；要求有自由照自己所喜欢的去做，当然也不规避会随来的后果。这种自由，只要我们所作所为并无害于我们的同胞，就不应遭到他们的妨碍，即使他们认为我们的行为是愚蠢、背谬、或错误的。第三，随着各个人的这种自由而来的，在同样的限度之内，还有个人之间相互联合的自由；这就是说，人们有自由为着任何无害于他人的目的而彼此联合，只要参加联合的人们是成年，又不是出于被迫或受骗。

任何一个社会，若是上述这些自由整个说来在那里不受尊重，那就不算自由，不论其政府形式怎样；任何一个社会，若是上述这些自由在那里的存在不是绝对的和没有规限的，那就不算完全自由。唯一实称其名的自由，乃是按照我们自己的道路去追求我们自己的好处的自由，只要我们不试图剥夺他人的这种自由，不试图阻碍他们取得这种自由的努力。每个人是其自身健康的适当监护者，不论是身体的健康，或者是智力的健康，或者是精神的健康。人类若彼此容忍各照自己所认为好的样子去生活，比强迫每人都照其余的人们所认为好的样子去生活，所获是要较多的。

这条教义虽然绝非什么新奇的东西，并且在某些人看来还有不言自明的意味，但是它却与现有意见和实践的一般趋势直接相反，没有一个别的教义比它更甚的了。社会曾尽其全力试图(照其所见)强迫人们适应于它对人的优越性以及对社会的优越性的观念。古代的共和国认为自己有权实行，而古代哲学家则表示赞助，使用公共权威去约制私人行为的每一部分；其根据是说国家对每一公民的全部体力的和智力的训练是有着深切关怀的。一些被强敌包围着的小的共和国，经常有被外来攻击或内部骚乱推翻的危险，即使在一个短的时隙中精力和自制若有松懈，也易成为致命的损害，因而就不容它们等待自由发生健康的永久效果——在这样一些小的共和国里，这种想法曾是可以认可的。在近代世界中，政治群体的体量是较大了，还有最主要的一点，即灵界的和俗界的权威是分开了(这就把对于人们良心的指导权放到另外一个不控制人们世俗事务的手里)，这些情况就阻止了法律对于私人生活细节的那样大量的干涉。可是道德压迫的一些机器却又被更有力地挥动起来去反对在仅关本人的事情上与统治意见有所分歧，甚至比在社会性的事情上反对得还要出力。即以在参加形成道德情绪中最称有力因素的宗教来说，它就几乎永远不是被教吏团的野心控制着——它是企求控制人类行为每一部门的——就是被清教主义的精神控制着。就是某些反对旧时宗教最力的近代革新者，在主张精神统治的权利方面也并不后于一些教会或教派。其中要特别指出孔德(Comte)，他的社会思想体系，如他在“论现实的政治”一书中所展示的，目的就在于建立一种社会对个人的专制(虽然用道德的工具多于用法律的工具)，竟超过了古代哲学家中最严格的纪

律主义者在其政治理想中所曾思议到的任何东西。

除开思想家们个人的特殊学说而外，世界上还广泛地有着一种日益增长的倾向，要把社会凌驾于个人的权力不适当地加以伸展，既用舆论力量，甚至也用立法力量。既然世界上发生着的一切变化是趋向于加强社会的权力而减弱个人的权力，可见这个侵蚀就不是那种趋于自动消失的灾祸，相反是会增长得愈来愈可怕的。无论作为统治者或者作为公民同胞，人类之倾向于把自己的意见和意向当作行为准则来强加于他人，是有着人类本性中难免带有的某些最好和某些最坏的情绪的如此有力的支持，以致从来几乎无法加以约束，除非缺乏权力；而权力却又不是在降减，而是在增长，除非能筑起一条道德信念的坚强堤障以反对这种祸害：这样，在世界现势之下，我们就只能看到它在增长了。

为了便于论列，本书不打算一下子就进入这一般的论题，而在开头只限于这论题的一个分支，在这一分支上，这里所举陈的原则，假如不是全部也是在某一点上为流行意见所承认的。这一个分支是思想自由，还有不可能与它分开的与它同源的言论自由和写作自由。这些自由，虽然在一切宣称宗教宽容和自由制度的国度里已经在相当分量上形成了政治道德的一部分，可是它们所倚靠的哲学上的和实践上的根据，在一般人心中恐怕还不大熟悉，甚至有些舆论领导者也未必认识透彻，像可以期待的那样。那些根据，一经受到正确的理解，就不只适用于这总题的一个部分，而可以有宽广得多的应用；这也就是说，对于这个问题的这一部分的彻底考虑乃是对于其余部分的最好的导言。当然，我这里所要讲的，对于某些人说来并不是新的东西；因此，如果说关于这一个三个世纪以来已时常经过讨论的题目我还敢再作一番讨论，那么我只有希望他们原谅了。

第二章　论思想自由和讨论自由

这样一个时代,说对于“出版自由”,作为反对腐败政府或暴虐政府的保证之一,还必须有所保护,希望已经过去。现在,我们可以假定,为要反对允许一个在利害上不与人民合一的立法机关或行政机关硬把意见指示给人民并且规定何种教义或何种论证才许人民听到,已经无需再作什么论证了。并且,问题的这一方面已由以前的作家们这样频数地又这样胜利地加以推进,所以此地就更无需特别坚持来讲了。在英国,有关出版一项的法律虽然直到今天还和在都铎尔(Tudors)朝代一样富于奴性,可是除在一时遇到某种恐慌而大臣们和法官们害怕叛乱以致惊慌失态的时候而外,却也不大有实际执行起来以反对政治讨论的危险;[①]而一般说来,

---

① 正待写出这几句话时,恰巧出现了1858年的“政府检举出版条例”,好像是我这番话的一个有力对照。可是,对于公开讨论的自由的这一失当干涉并没有导使我改动本节中的一个字,也丝毫没有削弱我的这一信念,即:除恐慌时期外,使用刑罚来对付政治讨论的时代在我国已经过去了。因为,第一点,这检举条例并未得到坚持;第二点,正当说来,这检举也不是政治性的检举。条例中所指的罪行不是对制度的批评,也不是对统治者的行动或人格的批评,而是传播一种被指为不道德的教养,即认为诛弑暴君具有合法性质的教义。

本章的论据如果还有些真实性,那么就要说,作为一个伦理信念问题来讲,关于任何教养,无论认为它怎样不道德,都应当有最充分的宣奉它和讨论它的自由。所以,关于诛弑暴君那条教义是否能称为不道德,这问题与本章的论题根本无涉,不必在这里加

凡在立宪制的国度里，都不必顾虑政府——无论它是不是完全对人民负责——会时常试图控制发表意见，除非当它这样做时是使自己成为代表一般公众不复宽容的机关。这样说来，且让我们假定政府是与人民完全合一的，除非在它想来是符合于人民心声时从来就不想使出什么压制的权力。但是我所拒绝承认的却正是人民运用这种压力的权利，不论是由他们自己来运用或者是由他们的政府来运用。这个权力本身就是不合法的。最好的政府并不比最坏的政府较有资格来运用它。应合公众的意见来使用它比违反公众的意见来使用它，是同样有害，或者是更加有害。假定全体人类减一执有一种意见，而仅仅一人执有相反的意见，这时，人类要使那一人沉默并不比那一人（假如他有权力的话）要使人类沉默较可算为正当。如果一个意见是除对所有者本人而外便别无价值的个人所有物，如果在对它的享用上有所阻碍仅仅是一种对私人的损害，那么若问这损害所及是少数还是多数，就还有些区别。但是迫使一个意见不能发表的特殊罪恶乃在它是对整个人类的掠夺，对后代和对现存的一代都是一样，对不同意于那个意见的人比对抱持那个意见的人甚至更甚。假如那意见是对的，那么他们是被

以考究。但我也愿意说明几点：（一）这问题历来就是一个公开的道德问题；（二）一个公民私人杀掉一个罪人——暴君乃是把自己置于法律之上因而为法律惩罚不到控制不着的罪人——这在一切国族看来，在一些最好和最聪明的人士看来，都认为不是罪行，倒是一桩具有高尚品德的行动；（三）不论是对还是错，这行动总不属于暗杀性质，而属于内战性质。既然这样，所以说到对于这个行动的煽动问题，我认为，在特定案件中，这可以成为惩罚的恰当对象，但是只在确有显著行动随之而来并能在行动与煽动二者之间至少找到或然的联系的情况之下才成。即使这样，也只有由被攻击的政府自身在进行自卫当中来施罚于以颠覆为目标的攻击才不失为合法，若由一个外国政府来干，那是不合法的。

剥夺了以错误换真理的机会；假如那意见是错的，那么他们是失掉了一个差不多同样大的利益，那就是从真理与错误冲突中产生出来的对于真理的更加清楚的认识和更加生动的印象。

有必要对上述两条假设分别作一番考虑，每条在与之相应的论据上自有其各别的一支。这里的论点有两个：我们永远不能确信我们所力图窒闭的意见是一个谬误的意见；假如我们确信，要窒闭它也仍然是一个罪恶。

第一点：所试图用权威加以压制的那个意见可能是真确的。想要压制它的人们当然否认它的真确性。但是那些人不是不可能错误的。他们没有权威去代替全体人类决定问题，并把每一个别人排拒在判断资料之外。若因他们确信一个意见为谬误而拒绝倾听那个意见，这是假定他们的确定性与绝对的确定性是一回事。凡压默讨论，都是假定了不可能错误性。它的判罪可以认为是根据了这个通常的论据，并不因其为通常的就更坏一些。

对于人类的良好辨识可称不幸的是，在他们实践的判断中，他们的可能错误性这一事实远没有带着它在理论中倒常得到承认的那样分量；即每人都深知自己是可能错误的，可是很少有人想着有必要对自己的可能错误性采取什么预防办法，也很少人容有这样一个假定，说他们所感觉十分确定的任何意见可能正是他们所承认自己易犯的错误之一例。一些专制的君主，或者其他习惯于受到无限度服从的人们，几乎在一切题目上对于自己的意见都感有这样十足的信心。有些处境较幸的人，有时能听到自己的意见遭受批驳，是错了时也并不完全不习惯于受人纠正——这种人则是仅对自己和其周围的或素所顺服的人们所共有的一些意见才予以同样的无限信赖；因为，相应于一个人对自己的孤独判断之缺乏信心，他就常不免带着毫不置疑的信托投靠在一般“世界”的不可能错误性。而所谓世界，就每个个人说来，是指世界中他所接触到的一部分，如他的党、他的派、他的教会、他的社会阶级；至于若有一人以为所谓世界是广泛到指着他自己的国度或者他自己的时代，那么，比较起来，他就可称为几近自由主义的和心胸广大的了。这个人对于这种集体权威的信仰，也绝不因其明知其他时代、其他国度、其他党、其他派、其他教会和其他阶级过去曾经和甚至现在仍然抱有正相反的思想这一事实而有所动摇。他是把有权利反对他人的异己世界的责任转交给他自己的世界了；殊不知决定他在这无数世界之中要选取哪个作为信赖对象者乃仅仅是偶然的机遇，殊不知现在使他在伦敦成为一个牧师的一些原因同样也会早使他在北京成为一个佛教徒或孔教徒——而这些他就不操心过问了。可是，这一点是自明的，也像不拘多少论据能够表明的那样，时代并不比个人较为不可能错误一些；试看，每个时代都曾抱有许多随后的时代视为不仅伪误并且荒谬的意见；这就可知，现在流行着的许多意见必将为未来时代所排斥，其确定性正像一度流行过的许多意见已经为现代所排斥一样。

对于上述论据看来要提出的反驳，大概会采取如下的形式。这就是要说，在禁止宣传错误这件事情中比在公共权威本着自己的判断和责任所做的其他事情中，并不见更多地冒认了不可能错误性。判断传给人们，正是为了他们可以使用它。难道可以因为判断会被使用错误，就告诉人们完全不应使用它吗？要禁止在他们想来是有害的事，并不等于要求全无错误，而正是尽其分所固有的义务要本其良心上的信念而行动，纵使可能错误。假如我们因为我们的意见可能会错就永不本着自己的意见去行动，那么我们势必置自己的一切利害于不顾，也弃自己的一切义务而不尽。一个适用于一切行为的反驳，对于任何特定的行为就不能成为圆满无缺的反驳。这是政府的也是个人的义务，要形成他们所能形成的最真确的意见；要仔细小心地形成那些意见，并且永远不要把它们强加于他人，除非自己十分确信它们是对的。但是一到他们确信了的时候（这样的推理者可以说），若还畏怯退缩而不本着自己的意见去行动，并且听任一些自己真诚认为对于人类此种生活或他种生活的福利确有危险的教义毫无约束地向外散布，那就不是忠于良心而是怯懦了。因为在过去较欠开明的年月里其他人曾经迫害过现在相信为真确的意见，人们就会说，让我们小心点，不要犯同样的错误吧；但是政府和国族也在其他事情上犯过错误，而那些事情却并未被否认为适于运用权威的题目。它们曾征收苛税，曾进行不正当的战争；我们难道应该因此就不收税，就在任何挑衅之下也不进行战争么？人、政府，都必须尽其能力所及来行动。世界上没有所谓绝对确定性这种东西，但是尽有对于人类生活中各种目的的充足保证。我们可以也必须假设自己的意见为真确以便指导我们自己的行为；而当我们去禁止坏人借宣传我们所认为谬误和有害的意见把社会引入邪途的时候，那就不算是什么假设了。

对于这个反驳，我答复道：这是假定得过多了。对于一个意见，因其在各种机会的竞斗中未被驳倒故假定其为真确，这是一回事；为了不许对它驳辩而假定其真确性，这是另一回事：二者之间是有绝大区别的。我们之所以可以为着行动之故而假定一个意见的真确性，正是以有反对它和批驳它的完全自由为条件；而且也别无其他条件能使一个像具有人类精神能力的东西享有令他成为正确的理性保证。

我们且就意见史或人类生活中的普通行为想一下，试问，这个人或那个人之所以不比他们现在那样坏一些，这应归因于什么呢？当然不应归之于人类理解中固有的力量，因为，对于一桩不是自明的事情，往往会有九十九个人完全无能力而只有一个人有能力对它做出判断，而那第一百位的能力也只是比较的；因为，在过去的每一代中，都有多数杰出的人主张过不少现在已知是错误的意见，也曾做过或赞成过许多现在没有人会认为正当的事情。可是在人类当中整个说来究竟是理性的意见和理性的行为占优势，那么这又是什么缘故呢？假如果真有这种优势的话——这必定是有的，否则人类事务就会是并且曾经一直是处于几近绝望的状态——其缘故就在于人类心灵具有一种品质，即作为有智慧的或有道德的存在的人类中一切可贵事物的根源，那就是，人的错误是能够改正的。借着讨论和经验人能够纠正他的错误。不是单靠经验。还必须有讨论，以指明怎样解释经验。错的意见和行事会逐渐降服于事实和论证；但要使事实和论证能对人心产生任何影响，必须把它们提到面前来。而事实这东西，若无诠释以指陈其意义，是很少能够讲出自己的道理的。这样说来，可见人类判断的全部力量和价值就靠着一个性质，即当它错了时能够被纠正过来；而它之可得信赖，也只在纠正手段经常被掌握在手中的时候。如果有一人，其判断是真正值得信任，试问它是怎样成为这样的呢？这是因为他真

诚对待对他的意见和行为的批评。这是因为，他素习于倾听一切能够说出来反对他的言语，从其中一切正当的东西吸取教益，同时对自己，间或也对他人，解释虚妄的东西的虚妄性。这是因为，他深感到一个人之能够多少行近于知道一个题目的全面，其唯一途径只是聆听各种不同意见的人们关于它的说法，并研究各种不同心性对于它的观察方式。一个聪明人之获得聪明，除此之外绝无其他方式；就人类智慧的性质说，要变成聪明，除此之外也别无他样。保有一种稳定的习惯要借着与他人的意见相校证来使自己的意见得以改正和完备，只要不致在付诸实行中造成迟疑和犹豫，这是可以对那意见寄以正当信赖的唯一的稳固基础。总之，一个人既经知道了一切能够（至少是明显地）说出来的反对他的言语，而又采取了反对一切反驳者的地位——深知自己是寻求反驳和质难而不是躲避它们，深知自己没有挡蔽能够从任何方面投到这题目上来的任何光亮——这时他就有权利认为自己的判断是比那没有经过类似过程的任何人或任何群的判断较好一些。

即使人类当中最聪明的也即最有资格信任自己的判断的人们所见到的为信赖其判断所必需的理据，也还应当提到少数智者和多数愚人那个混合集体即所谓公众面前去审核，这要求是不算过多的。教会当中称最不宽容的天主教会，甚至在授封圣徒时还容许并且耐心倾听一个“魔鬼的申辩”。看来，对于人中最神圣的人，不到魔鬼对他的一切攻讦都已弄清并经权衡之后，也不能许以身后的荣誉。即使牛顿（Newton）的哲学，若未经允许加以质难，人类对它的真确性也不会像现在这样感到有完全的保证。我们的一些最有根据的信条，并没有什么可以依靠的保护，只有一份对全世界的长期请柬邀请大家都来证明那些信条为无所根据。假如这挑战不被接受，或者被接受了而所试失败，我们仍然是距离确定性很远；不过我们算是尽到了人类理智现状所许可的最大努力，我们没有忽略掉什么能够使真理有机会达到我们的东西；假如把登记表保持敞开，我们可以希望，如果还有更好的真理，到了人类心灵能予接受时就会把它找到；而同时，我们也可以相信是获得了我们今天可能获得的这样一条行近真理的进路。这就是一个可能错误的东西所能获得的确定性的数量，这也是获得这种确定性的唯一道路。

奇怪的是，人们既已承认赞成自由讨论的论据的真实性，却又反对把这些论据"推至其极"；他们没有看到，凡是理由，若不在极端的情事上有效，就不会在任何情事上有效。奇怪的是，他们既已承认对于一切可能有疑的题目都应有自由讨论，却又认为有些特定原则或教义因其如此确定——实在是他们确信其为确定——故应禁止加以质难；而还想这不算是冒认不可能错误性。须知对于任何命题，设使还有一人倘得许可就要否认其为确定，但却未得许可，这时我们若径称为确定，那就等于把我们自己和同意于我们的人们假设为对于确定性的裁判者，并且是不听他方意见的裁判者。

在今天这个被描写为"乏于笃信而怖于怀疑"的时代里——在这里，人们之确信其意见为真确不及确信若无这些意见便不知要做什么那样多——要求一个意见应受保护以免于公众攻击的主张，依据于意见的真确性者少，依据于它对社会的重要性者多。人们申说，有某些信条对于社会福祉是这样有用——且不说是必不可少——所以政府有义务支持它们，正和有义务保护任何其他社会利益一样。在这样必要并且这样直接列于政府义务之内的情事面前，人们主张说，就是某种不及不可能错误性的东西，也足以使政府有权甚至也足以迫令政府，在人类一般意见支持之下，依照其自己的意见去行动。人们还时常论证，当然更时常思想，只有坏人才要削弱那些有益的信条；而约束坏人并禁阻只有坏人才会愿做的事，这总不能有错。这种想法是把束缚讨论的正当化问题说成问题不在教义的真确性而在其有用性；并借此迎合它自己而逃避自许为对于意见的不可能错误的裁判者的责任。他们这样迎合他们自己，却没有看到其实只是把对于不可能错误性的假定由一点转移到另一点。一个意见的有用性自身也是意见问题：和那意见本身同样可以争辩，同样应付讨论，并且要求同样多的讨论。要判定一个意见为有害，与要判定它为谬误，同样需要一个不可能错误的裁判者，除非那被宣判的意见有充分的机会为自己辩护。再说，若谓对于一个异端者虽然不许他主张其意见的真确性，也可以许他主张其意见的功利性或无害性，这也是不行的。一个意见的真确性正是其功利性的一部分。假如我们想知道要相信某一命题是否可取，试问，我们可能全不考虑到它是否真确吗？在不是坏人的而是最好的人的意见说来，没有一个与真确性相反的信条能是真正有用的；若当这种人因否认人们告诉他是有用的但他自己相信是谬误的某项教义而被责为渎犯者时，试问，你能阻止他们力陈这一辩解吗？其实，凡站在公认意见这一边的人，从来不曾放弃对于这一辩解的一切可能的利用；你不会看到他们处理功利性问题真像能够把它完全从真确性问题抽出来，恰恰相反，最主要的，正因为他们的教义独是“真理”，所以对于它的认识和信仰才被坚持为必不可少。在有用性问题的讨论上，若是如此重要的一个论据只可用于一方而不可用于他方，那就不能有公平的讨论。并且，从事实来看，当法律或公众情绪不允许对于一个意见的真确性有所争辩的时候，它们对于否认那个意见的有用性也同样少所宽容。它们最多只会容让到把那个意见的绝对必要性或者拒绝它的真正罪过减弱一些。

为了更加充分地表明只因我们已在自己的判断中判处了某些意见遂拒绝予以一听之为害，我想若把这讨论限定在一种具体的情事上面是可取的；而我所愿选定的又是对我最无利的一些情事，就是说，在那些情事上，无论在真确性问题或者在功利性问题的争辩记录上，反对意见自由的论据都是被认作最有力的。且把所要论驳的意见定为信仰上帝和信仰彼界，或者任何一个一般公认的道德方面的教义。要在这样一个战场上作战，实予非公平的敌方以极大的优势；因为他们无疑要说(许多不要不公平的人则在心里说)：难道这些教义你还不认为足够确定而应在法律保护之下来采取的吗？难道信仰上帝也算那类意见之一，若予确信，你就说是冒认了不可能错误性吗？但是必须允许我说，并不是确信一个教义(随它是什么教义)就叫作冒认不可能错误性。我所谓冒认不可能错误性，是说担任代替他人判定那个问题，而没有允许他人听一听相反方面所能说出的东西。即使把这种冒认放在我的最严肃的信念这一边，我也仍要不折不扣地非难它和斥责它。任何一个人的劝说无论怎样积极有力，不仅说到一个意见的谬误性，并且说到它的有害后果，不仅说到它的有害后果，并且说到它的(姑且采用我所完全鄙弃的语词)不道德和不敬神；但是，只要他在从事追求那一私的判断时——虽然也享有国人或时人的公众判断的支持——

阻挡人们听到对于那个意见的辩护，他就是冒认了不可能错误性。对于这种冒认，还远不能因其所针对的意见被称为不道德或不敬神就减少反对或者认为危险性较少，这乃是有关一切其他意见而且是最致命的一点。正是在所谓不道德或不敬神的场合上，一代的人曾经犯了引起后代惊诧和恐怖的可怕错误。正是在这类情事中，我们看到了历史上一些难忘的事例，当时法律之臂竟是用以铲除最好的人和最高尚的教义；在对人方面竟获得可痛心的成功，虽然有些教义则保存下来，借以（仿佛讽刺似地）掩护向那些对它们或对它们的公认解释持有异议的人们进行同样的行为。

向人类提醒这样一件事总难嫌其太频吧，从前有过一个名叫苏格拉底（Socrates）的人，在他和他那时候的法律权威以及公众意见之间曾发生了令人难忘的冲突。这个人生在一个富有个人伟大性的时代和国度里，凡最知道他和那个时代的人都把他当作那个时代中最有道德的人传留给我们；而我们又知道他是以后所有道德教师的领袖和原型，柏拉图（Plato）的崇高的灵示和亚里士多德（Aristotle）的明敏的功利主义——“配成健全色调的两位宗匠”这是道德哲学和一切其他哲学的两个泉眼——同样都以他为总源。这位众所公认的有史以来一切杰出思想家的宗师——他的声誉到两千多年后还在继长增高，直压倒全部其余为其祖国增光生辉的名字——经过一个法庭的裁判，竟以不敬神和不道德之罪被国人处死。所谓不敬神，是说他否认国家所信奉的神祇；真的，控诉他的人就直斥他根本不信仰任何神祇（参阅“谢罪”篇）。所谓不道德，是就他的教义和教导来看，说他是一个“败坏青年的人”。在这些诉状面前，有一切根据可以相信，法官确是真诚地认为他有罪，于是就把这样一个在人类中或许值得称为空前最好的人当作罪犯来处死了。

再举另一个司法罪恶的事例，这件事即使继苏格拉底处死事件之后来提，都不显得是高峰转低，这就是一千八百多年以前发生在加尔瓦雷(Calvary)身上的事件。这个人，凡曾看到他的生活和听到谈话的人都在记忆上对于他的道德之崇高伟大留有这等印象，以致此后十八个世纪以来人们都敬奉为万能上帝的化身。他竟被卑劣地处死了。当作什么人呢？当作一个亵渎神明的人。人们不仅把加惠于他们的人误解了，而且把他误解得与他之为人恰正相反，把他当作不敬神的巨怪来对待，而今天却正是他们自己因那样对待了他而被认为是这样的了。人类今天对于那两桩令人悲痛的处分，特别是二者之中的后者的反感，又使得他们对于当时不祥的主演者的论断陷入极端的不公允。那些主演者，在一切方面看来，实在并非坏人，并不比普通一般人坏些，而且毋宁正是相反；他们具有充分的或者还多少超过充分的那个时代和人民所具有的宗教的、道德的和爱国的情感；他们也是这样一类的人，即在包括我们自己的时代在内的任何时代里也有一切机会可以在不遭谴责而受尊重中过其一生的。那位大牧师，当他扯裂自己的袍服而发出那些在当时国人的一切观念之下足以构成最严重罪行的控词的时候，他的惊惧和愤慨完全可能出于真诚，正如今天一般虔诚可敬的人们在其宗教的和道德的情操方面的真诚一样；而同样，多数在今天对他的行为感到震栗的人们，假如生活在他的时代并且生而为犹太人，也必已采取了恰恰如他所曾采取的行动。有些正统基督教徒总容易想，凡投石击死第一批殉教者的人必是比自己坏些

的人，他们应当记住，在那些迫害者之中正有一个是圣保罗(Saint paul)呢。

让我们再加举一例，若从陷入错误者本人的智慧和道德来量这个错误的感印性，这可说是最动人心目的了。假如曾经有过一个人，既享有权力，还有根据可以自居为时人中最好和最开明的人，那就只有马卡斯奥吕亚斯大帝(Emperor Marcus Aurelius)了。作为整个文明世界的专制君主，他一生不仅保有最无垢的公正，而且保有从其斯多噶(Stoic)学派教养中鲜克期待的最柔和的心地。所能归给他的少数缺点都只在放纵一方面；至于他的著作，那古代人心中最高的道德产品，则与基督的最称特征的教义只有难于察见的差别，假如还有什么差别的话。这样一个人，这样一个在除开教条主义以外的一切意义上比以往几乎任何一个彰明昭著的基督徒元首都要更好的基督徒，竟迫害了基督教。他居于人类先前一切成就的顶巅，他具有开敞的、无束缚的智力，他具有导引他自己在其道德著作中体现基督理想的品性，可是他竟未能看到基督教对于这世界——这世界是他以对它的义务已经深深投入的——乃是一件好事而不是一个祸害。他知道当时的社会是处于一种可悲的状态。尽管如此，可是他看到，或者他想他看到，这世界是借着信奉已经公认的神道而得维持在一起并免于变得更糟的。作为人类的一个统治者，他认为自己的义务就在不让社会四分五裂；而他又看不到，社会现存的纽带如经解除又怎样能够形成任何其他纽带来把社会重新编结起来。而新的宗教则是公然以解散那些纽带为宗旨的。因此，除非他的义务是在采取那个宗教，看来他的义务就在把它扑灭了。这样，由于基督教的神学在他看来

不是真理或者不是源于神旨；由于那种钉死在十字架的上帝的怪异历史在他想来殊难置信，而这样一个全部建筑在他所完全不能相信的基础上的思想体系在他自然不能想见其成为那种调整的动力（殊不知事实上，它即经一切削弱之后仍已证明是那样的）；于是这位最温和又最可亲的哲学家当统治者，在一种庄严的义务感之下，竟裁准了对基督教的迫害。这件事在我心里乃是全部历史中最富悲剧性的事实之一。我一想到，假如基督徒的信仰是在马卡斯奥吕亚斯的庇护之下而不是在君士坦丁（Constantine）的庇护之下被采为帝国的宗教，那么世界上的基督教不知早已成为怎样大不相同的东西，我思想上便感到痛苦。但是应当指出，在马卡斯奥吕亚斯想来，凡能为惩罚反基督的教义提供的辩解没有一条不适用于惩罚传播基督教，如他所实行的；我们若否认这一点，对他便有失公允，与实际亦不相符。没有一个基督徒之相信无神论为谬误并趋向于使社会解体，比马卡斯奥吕亚斯之相信基督教便正是这样，能说是更为坚定的了；而他在当时所有人之中还应该可被认为最能理解基督教的呢。这样看来，我便要劝告一切赞成惩罚宣播意见的人，除非他谄许自己比马卡斯奥吕亚斯还要聪明还要好——比他更能深通所处时代的智慧，在智力上比他更为高出于时代的智慧，比他更加笃于寻求真理，而在寻得真理之后又比他更能一心笃守——他就该深自警戒，不要双重地假定自己的和群众的不可能错误性，须知那正是伟大的安徒尼拿斯（Antoninus）所作所为而得到如此不幸的结果的。

宗教自由的敌人们也觉到，若不用什么论据把马卡斯·安徒尼拿斯说成正当，就不可能替使用惩罚办法来束缚不信宗教的意见的行为辩护;他们在被逼紧的时候间或也承认上述的结果;于是他们就说,就随着约翰生博士(Dr. Johnson)一道说:迫害基督教的人还是对的;迫害乃是天机早定的一个大难,真理应当通过而且总会胜利通过的,因为法律的惩罚最后终于无力反对真理,虽然反对为害的错误时则有时发生有益的效果。这是替宗教上的不宽容进行论证的一种形式,这种形式应引起足够的注意,而不应忽略过去。

这种因迫害无能加害于真理遂称迫害真理为正当之说,我们固不能即斥为对于接受新真理故意怀有敌意,但那样对待加惠人类的人们致使人类有负于他们的办法,我们实不能称为宽厚。须知,对世界发现出一些与它深切有关而为它前所不知的事物,向世界指证出它在某些关系俗界利益或灵界利益的重大之点上曾有所误解,这乃是一个人力所能及的对其同胞的重大服务,在某些情事上正和早期的基督徒和以后的改革者的贡献同样重大,这在与约翰生博士想法相同的人也相信这是所能赠献与人类的最宝贵的礼物。可是这个学说竟认为,作出这样出色的惠益的主人所应得的报答却是以身殉道,对于他们的酬报却应是当作最恶的罪人来对待,而这还不算人类应该服麻捧灰以示悲悼的可悲痛的错误和不幸,却算是事情的正常的并可释为正当的状态。依照这个学说,凡提倡一条新真理的人都应当像并且已经像站在乐克里人(Locrians)立法会议中那样,要建议一条新法律时,脖颈上须套一条绞索,一见群众大会听他陈述理由之后而不当时当地予以采纳,便立刻收紧套绳,把他勒死。凡替这种对待加惠者的办法辩护的人,我们不能设想他对那个惠益会有多大评价;而我相信,持有这种看法的人必是认为新真理或许一度是可取的,但现在我们已经有了足

够的真理了。

至于说真理永远战胜迫害，这其实是一个乐观的伪误，人们相继加以复述，直至成为滥调，实则一切经验都反证其不然。历史上富有迫害行为压灭真理的事例。即使不是永远压灭，也使真理倒退若干世纪。仅以关于宗教的意见来说吧，宗教改革在路德（Luther）以前就爆发过至少二十次，而都被镇压下去。勃吕西亚的阿诺德（Arnold of Brescia）被镇压下去了。多尔契诺（Fra Dolcino）被镇压下去了。萨旺那罗拉（Savonarola）被镇压下去了。阿尔拜儒之徒（Albigeois）被镇压下去了。佛奥杜之徒（Vaudois）被镇压下去了。乐拉之徒（Lollards）被镇压下去了。胡斯之徒（Hussites）被镇压下去了。即使在路德时期以后，只要什么地方坚持迫害，迫害总是成功的。在西班牙，在意大利，在东西佛兰德（Flanders），以及在奥帝国，新教就被根绝了；在英国，若是玛丽女王（Queen Mary）活着，或者伊丽莎白女王（Queen Elizabeth）死了，也很会早已是那样的。迫害一直是成功的，除开在异端者已经成为过强的党派以致无法做到有效迫害的地方。没有一个可以理喻的人能够怀疑，基督教曾可能在罗马帝国被消灭净尽。它之所以能够传布并占得优势，乃因多次迫害都只是间或发生的，仅仅持续一个短的时间，其间则隔有很长的几乎未经阻扰的宣传时隙。由此可见，若谓真理只因其为真理便具有什么固有的力量，能够抵抗错误，能够面临监狱和炮烙而挺占优胜，这乃是一种空洞无根的情操。须知人们之热心于真理并不胜于他们之往往热心于错误，而一使用到足量的法律的或甚至仅仅社会的惩罚，一般说来对二者便都能成功地制止其宣传。真理所享有的真正优越之处乃在这

里：一个意见只要是真确的，尽管可以一次再次或甚至多次被压熄下去，但在悠悠岁月的进程中一般总会不断有人把它重新发现出来，直到某一次的重现恰值情况有利，幸得逃过迫害，直至它头角崭露，能够抵住随后再试图压制它的一切努力。

人们会说，我们现在已不把倡导新意见的人处死了，我们已不像我们先人之杀戮先知者，我们甚至还替他们营造坟墓。真的，我们是不再弄死异端者了；现代舆情所能容忍的对于即使是最有毒害的意见的惩罚，其程度也不足以根绝那些意见。但是，还让我们不要阿谀自己，认为我们现在已经免于法律迫害的污点了。对于意见的惩罚，或者至少对于发表意见的惩罚，还凭法律而存在着；至于这些罚章的执行，即使在近时，也并非一无例证致使人们可以完全不信其有一天会充分复活起来。即在 1857 年，在康沃(Cornwall)郡的夏季巡回裁判庭，就有一个不幸的人，[①]据说在生活一切关系方面都还是碌碌庸行的，只因说了和在门上写了几句触犯基督教的话就被判处二十一个月的徒刑。在同时的一个月之内，在旧百雷(Old Bailey)地方，又有两个人分别在两个场合上被拒绝充当陪审员，[②]其中一人并受到推事和律师之一的重大侮辱，只因他们诚实地自陈没有什么神学的信仰；同时还有第三个，一个外国人，则因同样的理由被拒绝对一个窃贼进行控诉。[③] 这种对于报

① 这人是托玛斯普雷(Thomas pooley)，于 1857 年 7 月 31 日受到波德明巡回裁判庭(Bodmin Assizes)的判处。12 月，他得到皇室的特赦。

② 一人是呼里约克(George Jacob Holyoake)，事件发生于 1857 年 8 月 17 日；另一人是楚勒夫(Edward Truelove)，事件发生于 1857 年 7 月。

③ 这人是格莱钦的男爵(Baron de Gleichen)，事件发生于 1857 年 8 月 4 日，在马尔波鲁街警察法庭上(Marlborough Street police Court)。

怨求偿的拒绝，系依据法律上的一条教义，即凡不宣称相信一个神（任何一个神就足够了）和相信彼界的人概不能被准许到法庭作证。这无异于宣布这种人为法外之人，被排拒在法庭的保护之外；这不仅等于说，人们可以对他们进行掠夺或攻击而不受处罚，只要没有他人而只有他们自己或抱有同类意见的人在场，这还等于说，人们也可以对任何人进行掠夺或攻击而不受处罚，假如要证明这事实只有靠他们来作证的话。这条教义又以一个假定为根据，就是说，凡不信彼界的人，其誓言概无价值。这个命题显示着，赞成它的人对于历史是太无知了（因为历史上千真万确的情况是，各个时代都有很高成数的无信仰者乃是出色的正直而享有荣誉的人）；凡人只要稍稍理会到，有多少以道德和成就而享世界盛名的人都是众所深知至少是其熟人们所深知的无信仰者，谁就再也不会主张这个命题了。再说，这条规律又是自杀性的，它取消掉自己的基础。在凡是无神论者必是说谎者这一假定之下，它容许了所有愿意说谎的无神论者来作证词，而所拒绝的倒只是那些敢冒不韪，宁愿公开自认一条人所痛恶的信条而不愿肯定一点虚妄之事的人们。实行这样一条自判为背谬于其所设目的的规律，只能视为仇恨的标志，迫害行为的遗骸，同时也是迫害行为本身，而且还具有一个特点，即受迫害的资格正是清楚地被证明为不应受迫害。并且，这条规律以及它所含的学理对于有信仰的人也是一个侮辱，正不亚于对于无信仰的人是一个侮辱。因为，若谓凡不信彼界的人必然要说谎，那么势必要说凡信彼界者之避免说谎，假如他们是避免了的话，只是因为怕入地狱了。对于这条规律的创作者和教唆者，我们且不伤他们，且不说他们所形成的基督道德的概念乃是出

自他们自己的意识吧了。

不错,这些情况只是迫害行为的陈迹和残余,可以不认作意欲实行迫害的标志;英国人心理往往有一种优柔虚弱状态,当自己实已不复坏到要实行一条坏原则时却反常地以主张那条原则为乐,上述残余情况正可视为这种心理状态之一例。但是,不幸之处则在,停顿已近一代之久的更坏形式之下的法律迫害能否继续停顿下去,这在公众心理状态中并没有什么保证。在现在这个年代里,日常事物平静的表面常会为复活旧罪恶的尝试所搅动,正像为倡导新惠益的尝试所搅动一样。目前所夸称的宗教复兴,在狭隘而无文化的人们心中至少同样也是迷信的复活;而凡是人民情绪中还存有不宽容思想的强烈而经久的酵母的地方——这是无论何时都留踞在我国中等阶级之中的——总是无需费力就能挑动他们去积极迫害他们所从来不视为迫害的正当对象的人们。[①] 使得我们这个国度不能成为一个精神自由的地方的正是这一点,正是人们

① 近来有一种激动的迫害情绪得到大量灌输,并与印度兵叛变事件中我国民族性最坏部分的普泛开展结合起来;我们从这里可以得到很多警示。狂热的人们和大言不惭的人们从教堂讲坛上发出的各种谵语就不值得去理会了;而福音派的首脑们在管治印度人和回教徒问题上也当作一条原则宣称说,凡不讲授圣经的学校概不得受公款资助,其后果必然是,凡非真正的或假冒的基督徒也一概不得授予公职。据报告,一位副国务大臣于 1857 年 11 月 12 日向选民发表演讲时曾说:"不列颠政府宽容他们的信仰"(不列颠亿万臣民的信仰),"宽容他们所称为宗教的迷信,这已产生了阻滞不列颠声誉上升的作用,已产生了阻碍基督教健康成长的作用。……宽容当然是我国宗教自由的巨大基石;但不要让他们滥用宽容这一贵重的字眼。照他理解,所谓宽容,乃是在具有同一崇拜基础的基督徒之中,大家都有完全的崇拜自由;乃是对具有一个居间的共同信仰的基督徒中各个不同宗派的宽容。"我请大家注意这一事实:一个被认为适宜在自由党政权下在我国政府中担任高级官职的人竟会主张这样一条教义,认为凡不信基督为神的人概应屏诸宽容的界线之外。试问,看到这种呆子般的表现之后,谁还能溺于错觉,以为宗教迫害之事已经一去不复返了呢?

对于不信仰他们所重视的信条的人所抱的意见和所怀的情绪。在过去很长的时间里，法律惩罚的主要害处就在它加强了社会的诋毁。而正是社会的诋毁乃是真正有效力的东西，其效力竟使得在英国，在社会戒律之下，敢于发表意见的事比在他国，在法律惩罚的危险之下，还要少见得多。对于除开经济情况使其无赖于他人的善意而外的一切人，在发表意见的问题上，舆论是像法律一样有效力的；人们可以被投置在监狱之内，同样也可以被排拒在赚取面包的办法之外。那些已将面包稳取到手而无需或向有权势者，或向团体，或向公众取得恩遇的人们，在公开发表意见方面自然不怕什么，可是只怕被人想来不好，谈论不好，而这些则应当不需要什么了不起的英雄性格才使他们能够承受。关于这种人，是没有什么诉诸怜悯心情替他们辩解之余地的。但是，虽然我们已不像从前所惯为的那样把许多灾祸加于和我们思想不同的人，可是也许会以我们现在对待他们的办法对我们自己做出与历来同样多的灾祸。苏格拉底是被处死了，但苏格拉底的哲学则如日在中天，光辉照遍整个的知识长空。基督徒是被投饲狮子了，但基督教会则长成一株堂皇繁茂的大树，高出于那些较老而较少生气的生长物，并以其复荫窒抑着它们。我们现在仅仅有点社会的不宽容，这既不杀死一个人，也不拔除什么意见，但是这却诱导人们把意见遮掩起来，或者避免积极努力去传布意见。在我们这里，以每十年或每一代来看，异端意见极少取得或者甚至还丢失了它们的阵地；它们从来不曾传布得遥远而广泛，而只是保持在一些深思勤学的人们的狭小圈子里暗暗燃烧着；它们在那些人中间发源开端，却从来未得以其真的或假的光亮照到人类的一般事务。这样，就形成了一种

事态，有些人觉得很可满意，因为这里没有对什么人罚款、把什么人监禁的不愉快过程就把一切得势的意见维持得外表上未遭扰乱，而同时对那些溺于思想痼疾的异议者也并未绝对制止他们运用理性。这在保持知识界中的宁静、保持其中一切事物都一仍旧贯地进行方面，倒不失为一个便宜的方案。但是为知识方面这种平静所付出的代价却是牺牲掉人类心灵中的全部道德勇敢性。这样一种事态，有一大部分最积极、最好钻研的知识分子都觉得最好把真正的原则以及信念的根据保藏在自己心里，而在公开演讲中则把自己的结论尽量配合于他们内心所弃绝的前提——这是绝不能产生出那种一度装饰过知识界的开朗无畏的人物以及合乎逻辑而贯彻始终的知识分子的。在这种事态之下，只能找到这样一类的人，不是滥调的应声虫，就是真理的应时货，他们在一切重大题目上的论证都是为着听众，而不是自己真正信服的东西。还有些人出于这两途之外，则把其思想和兴趣局限在一些说来不致犯到原则领域以内的事物上，即局限在一些细小的实际的问题上——这些事物，只要人类心灵得到加强和扩大，是自己就会弄对，也是非到那时不能实际弄对的：在那时，那些足以加强和扩大人们的心灵以及人们对于最高问题的自由而勇敢的思想的事物被放弃了。

凡认为异端者方面这种缄默不算一种灾害的人，首先应当思量一下，这样缄默的结果是使异端意见永远得不到公平透彻的讨论；而一些经不起这样讨论的异端意见，虽然会被遏止不得散布，却不会就此消失。由于禁止一切不归结于正统结论的探讨，败坏最甚的还不是异端者的心灵。最大的损害乃在那些并非异端者的人，由于害怕异端之称，他们的整个精神发展被限制了，他们的理性弄得痀挛了。世界上有一大群大有前途的知识分子和秉性怯弱的人物，弄得不敢追随任何勇敢、有生气的和独立的思想的结果，否则就要把自己带到会被认为不信教或不道德的境地——请问谁能计算这世界受到何等的损失？在这一大群之中，我们还可以间或看到某个具有深刻良心和精细理解的人，用其一生以他所不能压熄的智力从事于矫作世故，并竭其一切巧思努力于把其良心和理性所迫促的东西与正统调和起来，而最后或许还办不成功。须知作为一个思想家，其第一个义务就是随其智力所之而不论它会导致什么结论，谁不认识到这一点谁就不能成为一个伟大的思想家。设有人以相当的勤劬和准备自己进行思考可是产生错误，另有人则抱持真确的意见可是只为免使自己思考，在这两种情况下，真理所得于前者的比所得于后者的要多。还不是单单为着或者主要为着形成伟大思想家才需要思想自由。相反，为着使一般人都能获致他们所能达到的精神体量，思想自由是同样或者甚至更加必不可少。在精神奴役的一般气氛之中，曾经有过而且也会再有伟大的个人思想家。可是在那种气氛之中，从来没有而且也永不会有一种智力活跃的人民。若见哪一国人民一时曾经接近于那种性格，那是因为对于异端思想的恐惧会经暂告停止。只要哪里存在着凡原则概不得争辩的暗契，只要哪里认为凡有关能够占据人心的最大问题的讨论已告截止，我们就不能希望看到那种曾使某些历史时期特别突出的一般精神活跃的高度水平。并且，只要所谓争论是避开了那些大而重要足以燃起热情的题目，人民的心灵就永不会从基础上被搅动起来，而所给予的推动也永不会把即使具有最普通智力的人们提高到思想动物的尊严。关于那种活跃情

况，有三个历史时期可以为例：一个是紧接宗教改革之后一段时间内的欧洲的情况；另一个仅限于欧洲大陆并仅限于较有文化的阶级，那是十八世纪后半期的思考运动；第三个时期为时更短，就是德国在歌德（Goethe）和费希特（Fichte）时期知识方面的跃动。这三个时期在其所发展出来的一些特定意见上是大不相同的，但有一点则三者一样，就是在那三个时期中权威的枷锁都被打碎了。那时，旧的精神专制已被推翻，而新的还未代立。正是由那三个时期所给予的推动才把欧洲造成现在这样。无论在人心方面或者在制度方面出现的每一进步，都可清楚地分别溯踪于三者中的或此或彼。可是若干时间以来，有些现象表明所有那三项推动力量已经差不多用光；我们若不再度力主精神自由，我们就不能期待什么新的起步了。

现在我要转到论证的第二部分，不再假定任何公认意见都会谬误，而姑且冒认它们皆系真确，然后来考查一下，若不对那些意见的真确性进行自由和公开的讨论而径加以主张，这样又有什么价值。凡持有一种坚强意见的人，不论怎样不甘承认其意见有谬误的可能，只要一想，他的意见不论怎样真确，若不时常经受充分的和无所畏惧的讨论，那么它虽得到主张也只是作为死的教条而不是作为活的真理——他只要想到这一点，就应该为它所动了。

有一类人（幸而不像从前那样多了）想，有人对于他们所认为真确的意见只要无怀疑地表示赞同，虽然对于它的根据一无所知，也不能替它在最肤浅的反驳面前作一番守得住的辩护，那也就足够了。这样的人，只要一旦能够领到权威方面教给他们的信条，便自然而然会想，若还允许对这信条有所问难，那就没有好处而只有害处。这样的人，当他们的势力得势时，就会使得人们几乎不可能以聪明而有考虑的方式排斥一个公认的意见，虽然仍不免卤莽而无知地把它排斥；这是因为，要完全堵绝讨论究竟不大可能，而当它一旦达到时，没有坚定信念作基础的信条自然一遇辩论的影子就会退避三舍。根本说来，即使舍弃这个可能性不提——就假定真确意见是深踞心中，但系作为一个成见、一个脱离论证的信条、一个反对论证的证据而深踞心中——这也不是一个理性动物主持真理时所应取的办法。这不是有知于真理。这样主持下的真理，毋宁说只是一个迷信，偶然贴在宣告真理的字面上罢了。

假如说人类的智力和判断力是应当培养的(这至少是新教徒所不否认的事)，那么试问在什么事物上最适于锻炼一个人的那些能力呢？难道还有比那些关涉本人甚切以致必须对它们抱有意见的事物更为适宜的吗？假如说对于理解力的培养在一个事情中要胜于在另一个事情中，这无疑最好是在学得自己的意见的根据中来进行。在一些要有所信便首须信得正确的题目上，人们不论相信什么，总应当能够为它至少在普通的反驳面前作辩护。但是有人会说："把他们的意见的根据教给他们就成了。对于一个意见，不见得因为没有听到争论就一定是鹦鹉学舌。譬如学习几何学的人并非单把定理装入记忆，同时也懂得和学会演证；若因他们从未听到什么人否认并试图证倒几何学的真理就说他们对于几何学真理的根据懵然无知，那就未免荒唐了。"毫无疑问，若只说到像数学这个题目，其中根本没有错的一方要说的东西，那样说法是很可以的。数学真理的证据有其特殊之点，就是所有论据都在一方。这里没有反驳，也没有对反驳的答复。但是在每一个可能有不同意

见的题目上，真理却像是摆在一架天平上，要靠两组互相冲突的理由来较量。即使在自然哲学当中，对于同一事实也可能有另种解释：例如有以地球中心说代替太阳中心说的，有以热素论代替氯气论的；这就必须能够表明为什么那个另一说不能成为真理；除非到这一点已经得到表明，并且我们也知道它是怎样得到表明的，我们就不算懂得我们所持意见的根据。至于再转到一些远较复杂的题目，转到道德、宗教、政治、社会关系、生活事务等等，那在每一个要争执的意见上倒有四分之三的论证须用于驱除一些有利于不同意见的现象。古代有个除一人而外的最大演说家留有记载说，他对于敌方的情事，即使不用比研究自己的情事时所用的更大的强度，至少总要用同样的强度来加以研究。西塞罗(Cicero)用这种办法当作在公开辩论时获得成功的手段，这正是为了达到真理而研究任何题目的人们都需要仿效的。一个人对于一件情事若仅仅知道他自己的一方，他对那个情事就所知甚少。他的理由也许很好，也许不曾有一个人能驳倒它。但是假如他也同样不能驳倒反对方面的理由，也不尽知那些理由都是什么，那么他便没有根据就两种意见之中有所择取。这时他的合理立场应当是把判断悬搁起来；他若不甘心于这样，他便不是被权威带着走，就是像世界上一般情况那样采取他自己情绪上所最倾向的一方。进一步讲，一个人之听取敌方的论据，若仅听到自己的教师们所转述的样子，其中并伴有他们所提供的作为辩驳的东西，那也还不够。那不是对待论据的公正办法，也不会拿它们真正触到自己的心。他必须能够从实在相信那些论据、真诚替它们辩护、并为它们竭尽一切努力的人们那里听到那些论据。他必须在那些论据的最花巧又最动听的表达形式之下来认识那些论据;他必须感受到那种为真确见解所必须遇到并予以解决的难题的全部压力;否则他就永不能真正掌握到足以对付并解决那个难题的真理。百分之九十九的所谓受过教育的人们都是处于这种情况,甚至那些能为自己的意见滔滔辩护的人们也是如此。他们的结论也许真确,但对于他们所知的东西而言则会是谬误:他们从未把自己投放在与他们思想不同的人们的精神境地去想一想那些人必会说些什么;因而若照知这一字的本义说来,他们可说是并不知他们自己所宣奉的教义。一个教义的某些部分足以说明其余部分并将它释为正当,这在他们是不知的;有些考虑足以表明两个似乎彼此冲突的事实实在可以互相调和,或者足以指明在看来都很有力的两个理由之间应当如何取舍,这在他们也是不知的。总之,对于所有足以转变比重、足以决定一个全面理解者的判断的那部分真理,他们都是陌生的;而要真正知道那部分真理,只有兼顾双方、无所偏重、并力图从最强的光亮下来观察双方的理由的人们才能做到。要在一些道德的和人文的题目上取得一个真正的理解,这是一条最根本的纪律,甚至在一切重要真理上如果没有反对者,我们还不可不想象一些反对者,并供给他们以最技巧的魔鬼辩护者所能编出的最有力的论据。

为了减弱上述那些考虑的力量,讨论自由的敌人或许又会说,没有必要要人类一般都知道都理解哲学家们和神学家们所能讲的反对或赞成其意见的一切道理。他们说,无需要求普通人都能揭示一个天才反对者的一切误言或妄言。他们说,只要总有一些人能够答复那些误言或妄言,使得凡是会把不学的人们引导向错误的东西没有不遭到批驳的,那就足够了。他们说,一些心思简单的人，既经有人把反复传授的真理的明显根据教给他们，就可把一切余事托给权威人士；他们既明知自己无知无才去解决每一个能被提出的难题，就大可在反正有对该项工作特有训练的人们已经或者能够对已提出的一切难题予以解答的保证之下去安静休息了。

对于这个见解，让我姑且让步到那些在理解真理（这应当伴随着信仰真理）的数量上最容易感到满足的人们所能要求的最大限度；即使如此，赞成讨论自由的论据也并未有所削弱。因为就是这个说法也承认人类应当有一个理性的保证：对于一切反驳已经予以满意的答复；既然如此，如果不把需要得到答复的反驳说出来，它们又怎能得到答复呢？如果反驳者没有机会表明答复是未能令人满意的，又怎能知道答复是令人满意的呢？即使公众不必要，至少要去解答难题的哲学家和神学家总必要使自己熟习于那些难题，并且必须在其最令人困惑的形式之下来认识它们；而要做到这一点，就非把它们自由地陈述出来并置于它们所容有的最有利的光亮之下不可。天主教有其应付这个麻烦问题的办法。它把人们大别为两类：一类是能够许其以直接的信念来接受它的教义的，一类则必须靠间接的信赖来接受它们。诚然，对于二者都不许在接受什么这一点上有所选择；但是教士们，至少能予充分信任的教士们，为要答复反对者的论证之故，则得到允许并受到奖励去认识那些反对的论据，因而可以读到异端的著作；至于不以此为业的俗人，除非有特别的许可，就很难得到这种机会了。这条纪律就承认了关于敌方情事的知识对于宣教者是有益的，不过它又想出与此相辅而行的办法不让世界上其余的人也知道这个；这样就给予所谓选士比一般大众较多的精神教化，虽然不是较多的精神自由。

天主教用了这个方策，就成功地获致了其宗旨所求的精神方面的优越地位，因为无自由的教化固然永远不会造就一个阔大而自由的心灵，但是确能造就一个在乡村巡回法庭上就一桩案由进行辩护的聪明辩护士。但是在宣奉新教的国度里，这种解救办法却是被否定的；因为新教徒主张，至少在理论上主张，选择一个宗教的责任必须由每人自己承担起来而不能推诿在宣教者身上。再说，在世界的现状之下，要把学者所读到的著作对不学者封锁起来，这实际上也不可能。若要让人类的宣教者认识到他们所应当知道的一切东西，就必须让一切东西被自由地写作并印行出来而不加以任何束缚。

进一步讲，在公认意见皆系真确这个假定之下，缺乏自由讨论之为害若不过只在使人们不能知道那些意见的根据，那么或者还可以说这纵然是知识上的却还不是道德上的危害，就着意见对于品性的影响一点说来，这尚无损于意见的价值。但事实却是，在缺乏讨论的情况之下，不仅意见的根据被忘掉了，就是意见的意义本身也常常被忘掉了。在这种情况之下，表达意义的字句就不复提示什么观念，或者只提示它们原来所用来表达的观念的一小部分。鲜明的概念和活生生的信仰是没有了，代之而存在的只有一些陈套中保留下来的词句；或者假如说意义还有什么部分被保留下来，那也只是意见的外壳和表皮，其精华则已尽失去了。人类历史中不乏为这种事实所填据的巨大篇章，要加以研究和思考是不嫌过于认真的。

在几乎一切道德教义和宗教信条的经历当中都说明了这一点。那些教义和信条对于其创始人以至他们的直传弟子来说，原是充满着意义和生命力的。只要使它们对其他信条占上风的斗争持续下去,人们对它们的意义的感觉就不会减弱,或者甚至还把它阐发到更加充分的意识之中。结果,它不是得势而成为普遍的意见,就是停止前进,只保持已得的阵地而不再进一步传布。一到这两种结局之一显然可见的时候,关于这个题目的争论就松弛下来,并逐渐趋于消失。这教义于是取得了一种地位,即使不算一个公认的意见,也算意见中得到认可的诸派别或诸部类之一;而主张它的人们一般也只是承袭了它而不是采纳了它;至于这些教义由此到彼的转变,此时已成为绝无仅有的例外之事,因而在宣称者的思想当中也就不占什么地位。这时,他们已不像起初那样经常戒备着,不是要面对世界进行自卫,就是要争取世界投向自己;他们已经沉入一种默许妥协的状态,既不聆听反对他们的信条的论据(只要他们忍得住),也不以有利于那个信条的论据去打搅异议者(假如还有这种异议者)。从这个时候起,这教义的活力通常就可算开始衰退了。我们时常听到一切信条的宣教者悲叹地说,要使信徒心中对于他们在名义上承认的真理保持一种生动的领会,俾能透入情感而真正支配行为,那是太困难了。当一个信条尚在为其存在而奋斗的时候,便没有这种困难会引起埋怨:那时,即使一些较弱的斗士都知道并且感到他们为什么而奋斗,也知道并且感到它与其他教义有何区别;在每个信条的那个存在时期,都可以看到有不少人曾把那个信条的基本原则体现于思想的一切形式,会把那些原则就其一切重要含义加以量度和考虑,也会体验到那个信条在品性方面的充分效果,那是对于那个信条的信仰在一个为它彻底浸透的心灵中应当产生的效果。但是,一到那个信条变成了一个承袭的东西，而人们之予以接受乃是出于被动而不是出于主动的时候，就是说，一到心灵不复被迫在信条所提示的问题上照初时那样的程度运用其生命力的时候，就有一种逐步前进的趋势会把这信条除开一些公式而外的全部东西都忘记掉，或者对它只付以一种淡漠而麻木的同意，仿佛接受它既系出于信赖就没有把它体现于意识之中或者以亲身经验来加以考验之必要；直到最后，它终于变得与人类内心生活几乎完全没有联系。于是就出现了在这个世界这个年代经常出现以致形成多数的这种情事：信条之存在竟像是存在于人心之外，其作用只在把人心硬化和僵化起来以挡住投给人性更高部分的一切其他影响；其力量只表现在不容任何新的和活的信念进入人心，而其本身则除作为一名哨兵监守心脑使其空虚以外也对它们别无任何作为。

实质上本来最能深感人心的教义却会在人心中成为死的信条而不能在想象中、情感中或者理解中得到体现，这种情况又会达到何种程度，这可以用多数基督教信徒怎样奉持基督教教义的情形作为示例。这里所说的基督教，是指像一切教会和教派所描述的那样的东西，即“新约”当中所包含的那些格言和训条。那是一切自称基督徒者都视为神圣，并当作法则予以接受的。可是，并不过火地说，一千个基督徒当中也没有一个真参照那些法则来指导或者考验他的个人行为。他在个人行为上所参照的标准乃是他所属国族、他所属的阶级、或者他所担任的宗教职业的习俗。于是他就一方面有着一套道德的格言，他相信那是由一个不可能错误的智慧赠给他的一些管治规则；另一方面又有一套日常生活上的判断和实践，其中与某些条格言有某种程度的符合，与另外一些条格言就不那么符合，与某些条格言甚至直接对立，而整个说来，则是介乎基督教信条和世俗生活中的利害及提示二者之间的一种调和。对于前一套标准，他予以崇敬；对于后一套标准，他才付以真正的忠顺。一切基督教徒都相信，上帝所赐福的乃是穷人、贱人和被世人恶待的人；他们都相信，富人要进入天国比骆驼要穿过针孔还困难；他们都相信，他们不应有所裁判，否则他们就应受到裁判；他们都相信，他们绝对不应指神发誓；他们都相信，他们应当爱邻如爱己；他们都相信，假如有人要拿他们的罩袍，他们就应把自己的上衣也送给他；他们都相信，他们应当不思虑到明天；他们都相信，如果他们要成为完善，就应当卖尽自己所有的一切并散给穷人。他们说他们相信那些事情，这在他们并不是不真诚的。他们的确相信那些，正和人们相信自己所常常听到赞颂而从来不闻有所讨论的事物一样。但是若就一个活的信仰怎样约制行为这个意义来说，那么他们之信仰那些教义只不过达到它们通常对它们起到作用的那一点。那些教义在其完整无缺的情况下，他们若用以投击敌人，是大有可用之处的；若有人做出了他们认为可以赞扬的事情，也要（在可能的时候）把那些教义抬出来作为理由，这更是不用说的了。但是设若有人竟去提醒他们说那些格言还要求着他们连想都没有想到要做的无数事情，那人却将一无所获，而只有被划入那种好胜于他人而极不洽众意的角色之列罢了。这就是说，教义在普通的信徒那里是没有扎根的，在他们心中并不成为一种力量。他们只是对于那些教义的声音有着一种习惯性的敬意，却没有由字句伸展到所指事物的感受，能够迫使心灵把那些事物吸收进去，并使得它们符合于公式。总之，一到涉及行为的时候，他们就东找甲先生,西找乙先生,来指导他们要服从基督到什么程度了。

可是我们可以确信,在早期的基督徒那里,情事却并非这样,而远是另样的。假如情事曾是这样,那么基督教也绝不会由若干被鄙视的希伯来人(Hebrew)的一个隐晦的教派扩展成为罗马帝国的国教了。当他们的敌人从前说到“看那些基督徒是怎样彼此互爱啊”的时候(这句评语现在大概不会有什么人再说了),他们那时对于自己的信条的意义无疑是有着极其生动的感受的,而以后则大大减弱下去了。大概主要就是由于这个原因,所以现在基督教在扩张领域方面取得这样少的进展,而在十八个世纪以后还几乎仅仅局限于欧洲人和欧洲人后裔的范围。现在,即使是严格的教徒,即使是那些对于自己的教义比一般人认真得多、对于若干教义的意义也比一般人认识得多的人们,在他们心中这样比较活跃的一部分教义通常也只是喀尔文(Calvin)、诺克斯(Knox)、或者其他在性格上与他们自己相近的人物所讲的东西。至于基督本人的话语,在他们心中只是无所谓地并存着,所产生的效果也不过像仅仅聆听一些温和可亲的语句所引起的效果。说到为什么作为某一教派所独有的标志的教义要比一切公认教派所共有的教义能够保留较多的生命力,为什么从事宣教的人们要对后者保持其意义的生动性就感到较多的苦难,这无疑有许多的理由;但确定有一个理由是,凡独特的教义都遭受较多的问难,都必需较经常地在公开的反驳者面前为自己辩护。而一到战场上已无敌人的时候,教者也好,学者也好,就都在他们的岗位上去睡觉了。

一般地说,对于一切传统教义,如有关生活智虑和生活知识以及道德方面或宗教方面的传统教义,上述道理也同样是真确的。

所有言语和文章中都充满着关于生活的一般议论，既讲到生活是什么，也论到在生活中怎样做人；这些议论是每人都知道的，是每人都一再称述或者闻而默许的，也是大家都当作自明的真理予以接受的，可是大多数人却只是在切身经验——一般是痛苦一类的经验——使其意义对他们成为实在的时候才开始真正学到它的意义。一个人往往在受到某种未能逆料的不幸或失望的创痛之后才想到他一生中一直习闻的某些谚语或常谈，对于这些谚语或常谈，他若能老早就像事后那样感到其意义，就会拯救他免遭这场灾难了——这种情形是屡见不鲜的。所以有这种情形，诚然除开缺乏讨论而外还有许多理由：有若干真理非至个人亲身经验到时便**不能**认知其充分的意义。但是就是对于这种真理，一个人只要经常听到懂得它的人们就它进行赞成和反对的辩论，对其意义也会了解得多得多，而所了解到的东西也会深刻得多地印入心中。人类一见事物不复有疑就放弃思考，这个致命的倾向是他们所犯错误半数的原因。现代一位作家曾说到“既定意见的沉睡”，这话是说得很好的。

这是什么话！人们会问：难道真确的知识是以不见一致性为必不可少的条件吗？难道为要使什么人能够认知真理就必需有某一部分人坚持错误吗？一个信条果真是一到为一般人所接受了的时候就失去其实在性和生命力么？一个命题果真是除非还有疑问就不能被人彻底理解到和彻底感受到么？这是否说，一到人类一致接受了某个真理的时候，那个真理就在他们当中消亡下去呢？大家一直都想着，改进知识的最高目标和最好结果乃是要在一切重要真理的认定上把人类联合得愈来愈好；难道说知识只有在未达到它的目标的时候才存在么？难道征服的果实却因胜利之非常完全而遭到销毁么？

我并未肯定那些说法。随着人类的进步，无复争执或者无复存疑的教义在数目上是会经常增加的；而且也几乎可以说，人类福祉正是要用已达无可争辩程度的真理的数目和重量来衡量的。许多问题上的严重争论一个接着一个停止下来，这是意见凝固化过程中所必有的事情之一；这种凝固化，在真确意见方面当然是有益的，但在错误意见方面却也同样是危险的和有害的。因此，虽然说意见分歧界限的这种逐渐缩小在既属不可避免也属不可缺少双重意义下有其必定性，但我们却不因此就必须得出结论说它的一切后果都一定是有益的。在对于一条真理的聪明而生动的领会方面丢掉像被迫就着那条真理向反对者进行解释和进行辩护所提供的那样一个重要助力，这个损失与那条真理之取得普遍承认的利益相权起来，纵不足以压倒后者，也是一种不小的牵制抵消。所以到了这种助益不能再有的时候，我承认我愿意看到人类的宣教者努力提供一个代替物出来；就是说，总要想些办法把问题的困难之点提呈在学习者的意识面前，就像一个持见不同而急于急取他转变的竞胜者把它们提到他面前那样。

可是人们不但没有为此目的寻求办法，还把他们以前有过的办法都丢失了。像柏拉图对话中所例示的那样雄伟的苏格拉底式辩论法，就是我所说的这种办法。那主要是关于哲学上和生活上一些重大问题的一种反面的讨论，有其登峰造极的技巧指导着，目的则在说服那种仅仅采到公认意见的一些陈词滥调的人，叫他知道自己并没有懂得那个题目，叫他知道他对自己所宣奉的教义还没有寓以一定的意义；这样，在他觉悟到自己的无知之后，就能把他放到一条可以达致稳固信仰的道路上，使那信仰站立在对于教义本身以及教义的证据的意义都有一种明白领会的基础上面。再说到中世纪的学院论战，那也多少有着同样的目标。那是意在确令学生懂得他自己的意见，也（必然相关连地）懂得与之相反的意见；能够加强前者的根据，也能够驳倒后者的根据。这种学院论战诚然有其不可救药的缺点，就是它所投靠的前提乃是得自权威而不是得自理性；而当作对于心灵的训练来说，它诚然也在各方面都有逊于形成所谓"苏格拉底之毒"的智力的那种有力辩论法；但是实在它也和后者一样在远远超过一般人所愿承认的程度上对近代人心有所贡献；而现代的教育方式，却没有任何东西能够在最小的程度上填补二者之中任何一个的地位。一个专从教师或书本引得一切教训的人，纵使逃开了包围上来要使自己满足于生填硬塞的引诱，也总不会被迫去兼听双方，因而（甚至在思想家当中）也就远远不会常在兼知双方方面有所成就；于是他在为自己意见辩护中所讲到的最弱部分乃是他意想作为答复敌方的东西。现在时兴的做法是贬抑反面的逻辑——这种逻辑只指出理论中的弱点或实践中的错误，而不建树正面的真理。这样一种反面的批判，作为一个最后结果来看，的确是很不够的；但是若作为达致一种实称其名的正面知识或信念的一个手段来说，那是无论怎样评价也不嫌过高的；可以说，除非到了人们再度有系统地受到这种逻辑训练的时候，将只能出现很少的大思想家，而在除开数理和物理部门以外的任何思想方面也只能出现很低的一般智力水平。在任何其他题目上，没有一个人的意见能当得起知识之称，除非他由于别人的强加或出于自己的主动经历过像对反对者积极争论所要求于他的那样精神活动过程。如此说来，对于这样一个东西，没有它时是如此之不可缺少，又如此之难于创造，而当它自己自动供到面前时却竟加以摒弃，这不是多么荒唐么！因此，如果有人正对公认意见有所争议，或者如果有人只要法律或舆论容许时就会对公认意见有所争议，那么我们要感谢他们，要敞开心胸倾听他们，还要为此而感到喜悦，因为有人替我们做了否则我们自己也应当做（只要我们对自己信念的确定性或生命力还有所关心的话）而且做来还要费力得多的事情。

以上是就着意见分歧之有益论列其一些主要原因（这将继续下去，直至人类在知识前进的历程中进到另一阶段，而这在现在看来则还有不可计算的距离），现在还剩有一条要再讲一下。到现在为止，我们只考虑过两种可能性：一种是假定公认意见为谬误，从而某些其他意见便为真确；另一种是假定公认意见为真确，那么它与对立错误之间的冲突便正有助于对其真确性的明白领会和深刻感受。但是还有一种比这两种都更常见的情事，那就是，有两种相互冲突的教义，不是此为真确彼为谬误，而是共同分有介于二者之间的真理；公认的教义既仅体现真理的一部分，于是就需要不合的意见来补足其所遗。在非感官所能触到的题目上，流行的意见往往是真确的，但也很少是或者从不是全部的真理。它们乃是真理的一部分；有时是较大的一部分，有时是较小的一部分，但总是被夸张，被歪曲，并被从其他一些应当相伴随相制约的真理那里分离开来。另一方面，异端的意见则一般总是某些被压制被忽视的真理，突然摆脱了缚倒它的锁链，不是对通行意见中所含真理谋求调和，

就是把它摈为敌方而以同样的排他性自立为全部真理。后一种情事是迄今最常见的情事，因为在人类心灵方面，片面性永远是规律，而多面性则是例外。因此，即使在意见的旋转运动中，通常也是真理的这一部分落下去而那一部分升起来。甚至在前进运动中，那本当是累加性的，大部分也只是由一个偏而不全的真理去代替另一个偏而不全的真理；而进步之处主要只在新的真理片段比它所代替的东西更见需要，更为适合于时代的需求罢了。既然即使站在真确基础上的得势意见也都具有这样的偏缺性质，所以我们就应当珍视凡为通行意见所略去而本身却多少体现部分真理的一切意见，不论其真理当中可能交织着多少错误和混乱。没有一个人类事务的清醒判断者会因为迫使我们注意到否则我们就要忽略掉的真理的人也忽略了我们所见到的某些真理就感到不能抑制的愤怒。他毋宁要想，正因为流行的意见还是片面性的，这就比在他种情况下更要欢迎非流行的真理方面也有其片面性的主张者；因为这样通常是最有活力的，最能迫令人们对于那些片面主张者所号称完整而实系片段的智慧予以勉强的注意。

举例来看，在十八世纪，当几乎一切有学养的人以及跟在他们后面的无学养的人都热狂于赞叹所谓文明，赞叹近代科学、文学、哲学的各项奇迹的时候，当他们既大大过高估计了现代人与古人不同的程度复滥信这全部不同都偏利于他们自己的时候，请看卢梭(Rousseau)的一些似非而是的议论怎样像炸弹一般爆发在一大堆结构紧密的片面性意见之中，改变了它原来的部位，迫使其中分子在新的分子楔入之下重新组合出更好的形式，起到了有益的震撼作用。并不是那些流行的意见整个看来比卢梭的意见距离真理较远，恰恰相反，它们更近于真理，含有更多的正面真理，而错误还少得多。不过在卢梭的教义当中却有着数量可观的恰是流行意见所缺少的真理，它们卷在意见的洪流之中顺流而下，等到潮水降退之后则现出是留在后面的宝藏。譬如说生活的简朴有着更高贵的价值，譬如说虚伪社会的罗网和伪善有着耗丧精力和败坏风气的恶果，这些都是自从卢梭著论之后才深入有教养的心灵而从未完全消失的观念；它们还将随时产生其应有的效果，虽然说在今天也就和在任何时候一样需要力加主张，并且还需要用实事来力加主张，因为语言在这个题目上已经几乎竭尽其力了。

再看，在政治方面，这已经几乎成为老生常谈：一个党要求秩序和稳定，另一个党要求进步或改革，二者同为政治生活中健康状态的必要因素，直到这一党或那一党都能扩大其理解力，知道并善于辨别什么宜于保存和什么应当扫除，而成为一个既重秩序也重进步的政党。这两种思想方式各借对方的缺陷现出己方的功用，也在很大程度上各靠对方的反对才把己方保持在理性和健康的限度之内。关于民主政体和贵族政体，关于财产和平等，关于合作和竞争，关于奢侈和节约，关于社会性和个人性，关于自由和纪律等等这些问题，两方都各有其利于己方的意见，在实际生活的一切其他问题上也都有着互相反对的主张；除非所有这些意见都以同等的自由发表出来，并且都借同样的才能和精力得到主张和受到辩护，那么两方因素就都没有机会各得其当，在权衡之下就必定此升彼降。在生活中一些重大实践问题上，真理在很大程度上乃是对立物的协调和结合问题，而人们却很少具有足够恢宏公正的心胸能调整到近于正确，因此便只有通过交战双方在敌对旗帜下展开

斗争的粗暴过程才能做到。在上面所举的任何一个重大公开的问题上，如果两种意见中有一个比另一个较为得势，那么，不仅应予宽容而且应予鼓励和赞助的倒是在特定时间和特定地点适居于少数地位的那一个。因为那个意见当时代表着被忽略了的利益，代表着人类福祉中有得不到分所应得之虞的一面。我知道在我国，在上述那些题目的多数上，对于不同的意见并没有什么不宽容之处。我之所以要举出它们，意思乃在借加多的可用的例子来表明这样一个事实的普遍性，就是说，在人类智力的现有状态下，只有通过意见分歧才能使真理的各个方面得到公平比赛的机会。如果发现有些人在什么问题上成为举世显明一致的例外，即使举世是居于正确方面，那些少数异议者也总是可能有其值得一听的为自己辩说的东西，而假如他缄口不言，真理就会有所损失的。

有人会反对说，“但是有些公认的原则，特别是关于最高和最重要问题的公认原则，确是不止半真理的。例如基督教的道德就是道德问题上的全部真理，而如果有人教导一种和它有出入的道德，他就陷于完全的错误”。这本是实践方面最重要的一宗情事，没有比它更适宜于考验普遍性的格言的了。但是在断言基督教道德是什么或者不是什么之前，最好先确定所谓基督教道德指的是什么东西。如果它是指着“新约”的道德，我就不解从这书本身得出这种认识的人们怎样能假想这书中是把它宣称为或者本意要使它成为道德方面一套完备的教义的。福音书中就常征引先在的道德，而把自己的训条仅限定在某些特定事项而就其有关道德作些改正或者易以较广较高的道德；并且它的表达形式又是出以最宽泛的、往往不可能扣紧字义来解释的词句，与其说具有立法的准确性，毋宁说具有诗篇或雄辩的感染性。要由这里提出一套道德教义，若不从“旧约”那里有所采补就永远也不可能，而这也等于说，还必须从一个固系精心制定但在许多方面却是野蛮的而且本意也是为野蛮人而设的道德体系那里借得补助。圣保罗是公开敌视这种犹太教式地解释其主的教义并充填其架构的，他也同样假定一种先在的道德，那就是希腊人和罗马人的道德；而他对基督徒所进的劝告，在很大规模上乃是对于那种道德的一个适应性的调整体系，甚至达到公然认可奴隶制的地步。现在所谓基督教的道德——实则毋宁称为神学的道德——并非基督本人或者基督使徒的作品，而是出于以后很远的时期，是由头五个世纪中的天主教会逐步建造起来的。到了近代人和新教徒手里，虽然没有毫不置疑地予以采纳，但也变更得不多，远远不到可以期待于他们的程度。实在说来，他们大部分只满足于把中世纪中所增加于它的东西取消掉，而每一教派又各以适应于自己性格和倾向的新东西增补进去。对于这样一种道德及其早期的宣教者，若有人否认其也大大有惠于人类，那我应列为倒数第一；但是我毫不踌躇地要说，它在许多重要之点上却是不完备的，是片面性的，若不是有某些不为它所认可的观念和情绪也曾有贡献于欧洲人的生活和品质的形成，那么人类事务就会处于比现在还坏的情况。基督教道德（姑用此名）具有反激运动的一切性质；它大部分是对异教精神的一种抗议。它的理想与其说是积极的毋宁说是消极的，与其说是主动的毋宁说是被动的，与其说是力致崇高毋宁说是但求无罪，与其说是殚精求善毋宁说是竭力戒恶：总之，在它的训条里面（有人说得好）“你不该”的字样不适当地盖过了“你应该”的字样。具体说来，它

害怕纵欲，就崇奉禁欲主义为偶像，这在后来逐渐调和成为律法主义的一种。它揭橥出天堂的希望和地狱的威胁作为指派给道德生活专有的动机：在这里，它是远远落到古代圣贤之下了，这是在其含义中赋予人类道德以一种本质上自私的性质，因为这是把每个人的义务感和同胞们的利害分离开来，除非有己身利害为诱导就不考量到它们。它在本质上又是一种被动服从的教义：它谆谆教导人们对于已树立起来的一切权威要屈服顺从；固然不是说当他们发出宗教所禁的乱命时也须积极服从，但对于加诸我们自己身上的任何冤屈则不许有所抗拒，更谈不到反叛。说到对国家的义务问题，当最好的异教国族在道德方面已把这一义务提高至比重不称的地位甚至侵害到个人正当自由的时候，在纯粹基督教伦理当中，义务问题的这一重大部门却几乎没有受到注意和得到承认。我们曾读到这样一句格言："统治者委令某人担任某职时，若其领土之内还有他人更称此职者，那就算对上帝对国家犯了罪"——这话却是出于"古兰经"，而不是出于"新约"。若说对公众的义务这个概念在近代道德中还得到一点点的承认，那也是引自希腊和罗马的源泉，而不是得自基督教。同样，甚至在私人生活道德方面，若还存有任何所谓恢宏气度、高尚心胸、个人尊严、甚至荣誉之感等等品质，那也是得自我们教育中纯人事的部分，而不是得自其宗教的部分；在一个宣称只认服从为唯一价值的伦理标准之下绝不可能生长出那些品质来。

我和任何人一样远远不想硬说上述那些缺点，在一切意想得到的样子下，乃是基督教伦理所必然固有的；我也不想硬说，有许多为一个完备的道德教义所必具而基督教伦理却没有包含的东西就不容和它调和在一起。我更远远不想拿这些意思讽及基督本人的教义和训条。我相信,凡基督所说的话语都是我能见到证据证明有意要那样说的;我相信,凡基督所说的话语和凡为一种周赡详备的道德所需要的东西是没有不能调和起来的;我相信,凡伦理当中最好的东西都可以摆到基督的话语里面,不致对其词句有多大触犯,正如凡曾试图从那里演绎出什么实际的行为的体系的人们不曾对它有多大触犯一样。但是,与此毫不矛盾,我也相信基督本人的教义和训条只包有而且也只想包有真理的一部分;还有许多构成最高道德的基本因素则存在于另一些东西之中,未具见也不曾想具见于基督教创始人的有纪录的讲话,在后来在教会以那些讲话为基础所建立的伦理体系中却完全被抛到九霄云外去了。情况既是如此,所以我认为,若硬要从基督教教义当中找出一套完整规则作为我们的指导,而这种规则在教义作者却是欲使其裁准实施而只有一部分是提供作为规则的,那便是很大的错误。这个狭隘的学说正在变成一个严重的实际祸患,大大损毁着道德训练和道德教导的价值,而这种价值终于是多少有头脑的人今天所力求增进的。我很担心,像人们这样力图在单纯宗教模型上铸造人的心灵和情感,而弃置那些一向与基督教伦理并存并为之补充的世俗标准(因无更好的名字姑用此称)于不睬,接受它的一些精神,又把自己的精神注入一些,结果将会产生,甚至现在已在产生,一种低贱卑屈而富于奴性的品性,善自屈于它所估定的"最高意志",却不能升高到或共感于"最高善"的概念。我深信必定另有一种不是单从基督教源泉引发出来的伦理与基督教伦理并存,才能产生人类道德的中兴;我深信基督教体系也不能独外于这样一条规律,就

是说:在人类心灵未臻完善的状态下,真理的利益需要有意见的分歧。当然,在不复抹杀基督教所不包含的真理时并不必然要抹杀它所包含的真理。若竟发生这样的偏见或忽视,那就完全是一种祸患;但这确是我们不能希望永远免除的祸患,我们应该把它看作为着一种无可估计的好处而支付的代价。部分真理而排他性地冒称为全部真理,这是必须也应当予以抗议的;但假如这反激的动力又使得抗议者也失其公正,那么,对于这个片面性和对于那个片面性一样,是可悲叹的,但必须予以宽容。如果基督徒要教导非教徒对于基督教应当公正,他们自己对于不信教这件事就应当公正。凡是对于以文字记载的历史有最普通的认识的人都知道,在最高尚最宝贵的道德教训中,有很大一部分不仅是不知道基督教信条的人的作品,而且是知道它但排斥了它的人的作品;我们若闭眼不看这个事实,那是不能对真理有什么帮助的。

我也不想硬说,只要最无限制地使用发表一切意见的自由就能制止宗教上或哲学上宗派主义的祸害。凡是容量狭隘的人对于一个真理认真起来时,必定要把它竭力主张,反复教导,甚至以许多办法付诸行动,仿佛世界上再无其他真理,或者不论如何也无一条真理能够约制或者规限那第一条真理。我承认,一切意见都要变成宗派性之趋势不会因展开即使是最自由的讨论而获得挽救,反倒往往因此而增高和加剧,因为那个应当被看到但没有被看到的真理会因其出自被认作反对者之口而愈加遭到猛烈的排斥。但是要知道,这种意见冲突的有益效果本不发生在情绪愤激的偏党者身上,而是发生在比较冷静比较超然的旁观者身上。可怕的祸患不在部分真理之间的猛烈冲突,而在半部真理的平静压熄。这就是说，只要人们还被迫兼听双方，情况就总有希望；而一到人们只偏注一方的时候，错误就会硬化为偏见，而真理本身由于被夸大变成谬误也就不复具有真理的效用。我们知道，像这样一种强于判断的能力，居于一个问题的两面之间，面对仅仅一方辩护士的发言，而能得出聪明无蔽的判断，这在人类精神属性中是极其罕见的；既然如此，那么涉及真理时，除非其各有比例的各个方面，除非体现任何部分真理的每一意见，不仅都找到自己的辩护人，而且都得到被人倾听的辩护——除非这样，真理是没有机会的。

讲到这里，我们已经从很清楚的四点根据上认识到意见自由和发表意见自由对于人类精神福祉的必要性了（人类一切其他福祉是有赖于精神福祉的）；现在再把那四点根据简单扼要地重述一下。

第一点，若有什么意见被迫缄默下去，据我们所能确知，那个意见却可能是真确的。否认这一点，就是假定了我们自己的不可能错误性。

第二点，纵使被迫缄默的意见是一个错误，它也可能，而且通常总是，含有部分真理；而另一方面，任何题目上的普遍意见亦即得势意见也难得是或者从不是全部真理：既然如此，所以只有借敌对意见的冲突才能使所遗真理有机会得到补足。

第三点，即使公认的意见不仅是真理而且是全部真理，若不容它去遭受而且实际遭受到猛烈而认真的争议，那么接受者多数之抱持这个意见就像抱持一个偏见那样，对于它的理性根据就很少领会或感认。不仅如此，而且，第四点，教义的意义本身也会有丧失或减弱并且失去其对品性行为的重大作用的危险，因为教条已变成仅仅在形式上宣称的东西，对于致善是无效力的，它妨碍着去寻求根据，并且还阻挡着任何真实的、有感于衷的信念从理性或亲身经验中生长出来。

在撇开意见自由这个题目以前，还宜再注视一下有人谈到的这样一说：一切意见是应当许其自由发表的，但条件是方式上须有节制，不要越出公平讨论的界限。说到怎样不可能规定应把所设想的这些界限摆在哪里，这有许多话可讲。如果说测验之法是看对于意见受到攻击的人有无触犯，我想经验会告诉我们，凡攻击是有力而动听时都可算有了触犯；这就是说，只要反对者在这题目上表现了任何强烈情感，把对方逼得很紧，使对方感到难于作答，那么，他在对方看来就是一个无节制的反对者。这一点，虽然从实践观点看来是一个重要的考虑，但在一种更加基本的反对意见面前就不算什么了。无疑，主张一个意见（即使这个意见是真实的）的方式会是非常惹人反感的，招致严厉谴责也是当然的。但是最主要的一些触犯还不在这一类，而在那种除非借着偶然自欺便不可能把论断弄得妥帖的某些错误做法。其中最严重的一些是：似是而非地进行论证、对事实或论据予以压制、把案情的各项因素举陈错误、或者把反对方面的意见表述错误。尽管如此，但是所有这些事情，甚至在最大的程度上，却是一些并不被认为而且在许多其他方面也不应被认为无知或无能的人们在完全良好的自信中连续不断地做出来的，因此我们竟不大可能以恰当的根据从良心上把这种错误的表述鉴定为在道德上可加责难的事；至于法律，当然更不能擅行干涉这种论战上的错误行为了。再看一般所谓无节制的讨论的意思，那是指谩骂、讥刺、人身攻击以及诸如此类之事而言的。

关于这一点,可以说,谴责这些武器时若曾同等地建议双方都停止使用它们,那就值得予以较多的同情了;但人们却是只在对待得势意见时要限制它们的使用,至于使用它们去对待不得势的意见,则不仅不见一般的不赞成,而且还会让使用者博得所谓真挚的热情和正义的愤怒等类的称誉。但是从这些武器的使用中不论生出什么祸害,最大的总是在把它们用于对待比较无防卫的一方的时候;从这种主张意见的方式中不论会找出什么不公平的便宜,这便宜总是差不多独归公认意见这一方。在这一类触犯当中论战者所能犯的最坏的一种乃是把持见相反的人诋毁为坏的和不道德的人。在这样一种诽谤面前,特别突出而易受击的乃是抱持着不通行的意见的人们,因为他们一般地总是少数,又没有势力,而且除他们自己外就没有人怎样关心要看见他们受到公正的对待;可是若有人要用这件武器去攻击一个得势的意见,那在情事的性质上是用不得的:一则,他不能自身确保安全地来使用它,二则,即使他能够,这样做也只会使自己的论据萎退。一般地说来,与公认意见相反的意见若想求得一听,只有使用经过研究的中和谦逊的语言,只有最小心地避免不必要的对人触犯——只要一有哪怕是很小的触犯,就很难不丧失阵地;而得势的意见一方面若使用没有分寸的辱骂,那就真能吓住人们不敢宣说相反的意见,也不敢对宣说相反意见的人予以倾听。这样看来,为了真理和正谊的利益,限制使用辱骂性的语言实比限制使用其他武器还重要得多;而假如说限制还必须有所区别的话,那么,作为举例来说,挫折对于不信教的触犯性的攻击就比挫折对于宗教的触犯性的攻击更需要得多。但是无论说要限制哪一方,法律和权威显然总是都无分的;至于意见,则应在每一审判中视各别案件的情况来定其裁断；总之，对于每一个人，不论他自居于辩论的哪一方面，只要在其声辩方式中或是缺乏公正或是表现出情绪上的恶意，执迷和不宽容，那就要予以谴责，但是却不可由其在问题上所选定的方面，纵使是与我们自己相反的方面，来推断出那些败德；而另一方面，对于每一个人，也不论他抱持什么意见，只要他能够冷静地去看也能够诚实地来说他的反对者以及他们的意见真正是什么，既不夸大足以损害他们的信用的东西，也不掩藏足以为他们辩护或者想来足以为他们辩护的东西，那就要给以应得的尊敬。这就是公众讨论的真正的道德；假如说还常常有人违犯它的话，那么我却乐于想到，也已经有很多争辩家在很大程度上注意遵守它，而且还有更多的人从良心上朝着这方面努力。

第三章　论个性为人类福祉的因素之一

人类应当有自由去形成意见并且无保留地发表意见，这所以成为必要的理由，已见前章所论；这个自由若得不到承认，或者若无人不顾禁令而加以力主，那么在人的智性方面并从而也在人的德性方面便有毁灭性的后果，这也已见前章所述；现在，作为第二步，我们要再考查一下上述那些理由是否也同样要求着人们应当有自由去依照其意见而行动，也就是说将其意见在生活中付诸实践，只要风险和危难是仅在他们自己身上就不应遭到同人们无论物质的或者道德的阻碍。这句话中的但书部分当然是必不可少的。没有人会硬说行动应当像意见一样自由。相反，即使是意见，当发表意见的情况足以使意见的发表成为指向某种祸害的积极煽动时，也要失去其特权的。譬如有个意见说粮商是使穷人遭受饥饿的人，或者说私有财产是一种掠夺，它们如果仅仅是通过报纸在流传，那是不应遭到妨害的，但如果是对着一大群麇聚在粮商门前的愤激的群众以口头方式宣讲或者以标语方式宣传，那就可加以惩罚而不失为正当。不论何种行动，若无可以释为正当的缘由而贻害于他人，都可以借人们不谅的情操或者在必要时还可以借人们的积极干涉来予以控制，在一些比较重要的情事上更是绝对必

须这样。个人的自由必须约制在这样一个界限上,就是必须不使自己成为他人的妨碍。但是如果他戒免了在涉及他人的事情上有碍于他人,而仅仅在涉及自己的事情上依照自己的意向和判断而行动,那么,凡是足以说明意见应有自由的理由,也同样足以证明他应当得到允许在其自己的牺牲之下将其意见付诸实践而不遭到妨害。前章所讲的一些原则,如:人类不是不可能错误的;人类的真理大部分只是半真理;意见的统一,除非是对立诸意见经过最充分和最自由的较量的结果,是无可取的,而意见的分歧,在人类还未达到远比今天更能认识真理的一切方面之前,也并非坏事而倒是好事——所有这些原则都可以适用于人们行动的方式,并不亚于可以适用于人们的意见。既然说当人类尚未臻完善时不同意见的存在是大有用处,同样在生活方面也可以说:生活应当有多种不同的试验;对于各式各样的性格只要对他人没有损害应当给以自由发展的余地;不同生活方式的价值应当予以实践的证明,只要有人认为宜于一试。总之,在并非主要涉及他人的事情上,个性应当维持自己的权利,这是可取的。凡在不以本人自己的性格却以他人的传统或习俗为行为的准则的地方那里就缺少着人类幸福的主要因素之一,而所缺少的这个因素同时也是个人进步和社会进步中一个颇为主要的因素。

在主张这条原则时必将遭遇的最大困难,不在人们须领会要用什么手段去达到一个已经认定的目的,而在人们一般对于这个目的本身漠不关心。假若大家都已感到个性的自由发展乃是福祉的首要要素之一;假若大家都已感到这不止是和所称文明、教化、教育、文化等一切东西并列的一个因素,而且自身又是所有那些东西的一个必要部分和必要条件；那么，自由就不会有被低估的危险，而要调整个人自由与社会控制二者之间的界限也就不会呈现特别的困难，但是为患之处就在，一般的想法却很少见到个人自动性这个东西具有什么内在价值，值得为其自身之故而予以注意。大多数的人既满足于人类现有的那些办法（因为正是这大多数人把它们做成现在那样），便不能领会为什么那些办法对每人说来还不够好；更甚的是，在多数道德改革家和社会改革家的心目中，自动性并不成为他们理想的一部分，反倒在嫉恨的眼光之下被看作一种麻烦的或者还是叛逆性的障碍物，妨碍着对于他们自己所断为对人类最好的办法的普遍接受。甚至对于像洪波尔特（Wilhelm Von Humboldt）这样一位杰出的学者兼政治家作为一篇论文主题来讲的一个教义，也只有很少数出自德国的人领会到它的意义——那大旨是说："人的目的，或说由永恒不易的理性诏谕所指令而非由模糊短暂的欲望所提示的目的，乃是要使其各种能力得到最高度和最调和的发展而达成一个完整而一贯的整体"；因此，"每人所应不断努力以赴特别是志在影响同人的人所应永远注视的目标，乃是能力和发展的个人性"；而这便需要有两个东西，就是"自由和境地的多样化"；这二者一结合就发生出"个人的活力和繁复的分歧"，而这些东西又自相结成"首创性"。[①]

但是，尽管人们很少习闻像洪波尔特所讲的那种教义，并且还会因听说个性有那样崇高价值而感到诧异，可是我们必须想到，这

① 见洪波尔特所著"政府的范围与义务"（The Sphere and Duties of Government），德文本第 11—13 页。

问题还只是程度之别。没有人会抱有这样一个观念,认为人们行为中的美德只是彼此照抄。没有人会主张说,人们在其生活方式中和仅关自身的行为中不应当有自己的判断或自己的个性的任何一点痕迹。另一方面,若硬说人之为人行事应当好像在他们出世以前世界中乃一无所知那样,应当好像经验至今还毫未表明某种生存方式或行为方式比他种较为可取那样,那是荒谬的。没有人否认人在年青时就应受到这样的教育和训练,让他知道并受益于人类经验业经确定的结果。但是要知道,作为一个人,到了能力已臻成熟的时候,要按照他自己的办法去运用和解释经验,这是人的特权,也是人的正当的条件。记录下来的经验中有哪一部分可以恰当地适用于他自己的情况和性格,这要由他本人去找出。他人的传统和习俗,在某种程度上,乃是表明他们的经验教过他们什么东西的证验;而证验是可以例推的,因而就要求他来遵从。但是问题在于:第一点,他们的经验也许太狭窄;或者也许他们没有把它解释得对。第二点,他们对经验的解释也许对了,可是却不适合于他。习俗是为合乎习俗的情况和合乎习俗的性格而造成的,而他的情况或性格也许不合乎习俗。第三点,即使习俗既是好习俗而又适合于他,但如果他是仅仅因系习俗而遵从习俗,那并不会对他有所教育,也不会使他的作为人类专有禀赋的任何属性有所发展。人类的官能如觉知力、判断力、辨别感、智力活动、甚至道德取舍等等,只有在进行选择中才会得到运用。而凡因系习俗就照着办事的人则不作任何选择。因而他无论在辨别或者要求最好的东西方面就都得不到实习。智力的和道德的能力也和肌肉的能力一样,是只有经过使用才会得到进展的。而一个人做一件事若是只因他人做了那件事，那正和相信一个东西只因他人相信了那个东西一样，他的官能便不会被运用。因此，如果说，若是一个意见的根据对于本人自己的理性说来还不足以当结论而他却采纳了那个意见，这不但不能加强他的理性反倒会减弱他的理性；那么，同样也可以说，若是导出一项行动的东西并非在本人情感上和性格上吻合无间的东西（在和喜好或他人的权利无干的时候），这也只会使他的情感和性格趋于怠惰和迟钝，而不会使它们变得活跃而富有精力。

凡是听凭世界或者他自己所属的一部分世界代替自己选定生活方案的人，除需要一个人猿般的模仿力外便不需要任何其他能力。可是要由自己选定生活方案的人就要使用他的一切能力了。他必须使用观察力去看，使用推论力和判断力去预测，使用活动力去搜集为作决定之用的各项材料，然后使用思辨力去作出决定，而在作出决定之后还必须使用毅力和自制力去坚持自己的考虑周详的决定。他需要和运用那些属性，是随着其行为当中按照自己的判断和情感来决定的部分之增大而与之恰正相应的。可能，一点没有那些东西，他也会被引上某种好的道路而避开有害的途径。但是作为一个人类，他的相对价值又是怎样呢？真正重要之点不仅在于人们做了什么，还在于做了这事的是什么样子的人。在人的工作当中，在人类正当地使用其生命以求其完善化和美化的工作当中，居于第一重要地位的无疑是人本身。试假想有一批人形的自动机械，把房子盖起来了，把谷物种出来了，把仗打了，把案件审问了，甚至把教堂也建立起来而且连祈祷文都念过了；设使有这种情况，我们若要把一些男男女女——尽管他们现在是居住在比

较文明的一部分世界之中而无疑只是自然界能够和将要产生的饿莩的标本——换成这样的机器人，那还有一项可观的损失。人性不是一架机器，不能按照一个模型铸造出来，又开动它毫厘不爽地去做替它规定好了的工作；它毋宁像一棵树，需要生长并且从各方面发展起来，需要按照那使它成为活东西的内在力量的趋向生长和发展起来。

大家或许会承认这一点：人运用其理解力是可取的；对于习俗，要作有头脑的遵循，或者甚至偶作有头脑的分歧，这也比盲目的和单纯机械般的附从较好一些。总之，说到我们的理解力应当是我们自己的，这在某种程度上能得到人们的认可。但是若说我们的欲望和冲动同样也应当是我们自己的，若说保有我们自己的带有任何力量的冲动绝非什么危机和陷阱，这在人们听来就不那样愿意认可了。可是欲望和冲动确是一个完善人类的构成部分，与信赖和约束居于同等地位。所谓强烈的冲动具有危险性，只在它没有恰当地得到平衡的时候，就是说，只在一组目的和意向已发展成为力量而另一些应当与之并立的东西却还微弱而不活跃的时候。人们之做出恶劣的行动，不是因为他们的欲望强，而是因为他们的良心弱。而欲望强与良心弱这二者之间也没有自然的联系。自然的联系是另一种样子。说某一个人比另一个人欲望和情感较为强烈和较为多样，意思只是说他具有较多的人性原料，因而就或许有能力做较多的祸害，但也确定有能力做较多的好事。所谓强烈的冲动不过是精力的另一名称。精力当然可以被导向坏的用途；但是一个富有精力的人性也永比一个无精神无感觉的人性可以做出较多的好事。凡是最富于自然情感的人也永远是可以培养

出最强烈的有教养的情感的人。使得个人冲动生动有力的是一种强度的感受力,而这也正是最热烈的嗜爱美德和最严肃的自我节制所由产生的源泉。只有通过对于这些东西的培育,社会才算既尽其义务又保其利益;而不是因为不知怎样制作英雄就连制作英雄的材料也排弃掉。一个人,其欲望和冲动是他自己的——这些是他自己的本性经过他自己的教养加以发展和校改的表现——就称为具有一个性格。一个人,其欲望和冲动不是他自己的,就没有性格,正如一架蒸汽机之没有性格。一个人的冲动如果除了是自己的之外还加上是强烈的,并且又在一个强烈的意志管制之下,那么他就算有一个富有精力的性格。凡认为对欲望和冲动的个人性不应加以鼓励使之展开的人,必认为社会不需要强有力的人性,必认为社会中若含有不少富有性格的人并不见得较好,必认为精力方面的一般的高度水平也是无足取的。

在早先的某种社会状态下,欲望和冲动等力量可能是而且确曾是过远地超越在当时社会所保有的训练和控制它们的力量的前头了。曾有一个时期,自动性和个人性的成分是过多了,社会的原则对它进行了艰苦的斗争。当时的困难是在导使身心俱强的人们服从一些要他们控制冲动的规则。为要克服这个困难,法律和纪律(像教皇们对皇帝们的斗争)就确定一种驾于个人整体的权力,要求控制他的全部生活以便控制他的性格——那性格是当时社会还不曾找到任何其他足够的手段来加以束缚的。但是现在,社会已经相当战胜个性了;现在威胁着人性的危险并不是个人的冲动和择取失于过多,而是失于不足。从前的情况是,有些在位置上或者在个人禀赋上的强者,其过激情绪已成惯于违法抗命的状态,因而需要严加枷锁以使其锋芒可及的人们还能享有点滴的安全保障。可是自此以来，事情已经大变了。在我们的时代里，从社会的最高级到最低级，每个人都像生活在一个有敌意的目光的可怕的检查之下。不仅在涉及他人的事情上，就是在仅关自己的事情上，一个人或者一个家庭之间也从来不对自己问一问：我择取什么？什么合于我的性格和气质？或者，什么能让我身上最好和最崇高的东西得到公平的发挥的机会，使它生长并茂盛起来？他们对自己所问的是：什么合于我的地位？和我位置相同经济情况相同的人们通常做的是什么？或者(还要更糟)，位置和情况都胜于我的人们通常做的是什么？我的意思还不是说，他们在合乎习俗的与合乎自己意向的两种事情相比之下，舍后者而取前者。他们还不是这样；他们根本是除了趋向合乎习俗的事情外便别无任何意向。如此说来，是心灵本身屈伏在枷锁之下了。甚至在玩乐的事情上，他们首先想到的也是投众合时；他们欢喜在人群之中；他们只是在一般常做的事情之中行其选择。趣味上的独特性，行为上的怪僻性，是和犯罪一样要竭力避免的。这样下去，由于他们不许随循其本性，结果就没有本性可以随循。他们的人类性能枯萎了：他们已无能力再有任何强烈的愿望和生来的快乐，一般也没有是各人自生自长、本属各人自己的意见和情感。这样的人性的情况是可取呢，还是不可取呢？

在嘉尔文学派的理论上，这是可取的。照那个学说讲，人的一项大罪行乃是自我意志。人类力所能及的一切善行都可包括在服从二字之中。你没有选择；你必须这样做，没有别的：“凡不是义务的就是罪恶”。因为人性根本是坏的，所以任何人除非灭尽本性就无所谓赎罪。在抱持这种人生论的人说来，压毁人类任何官能、能力和感受力等不算是罪恶：除开向上帝意志投降的能力而外，人本不需要能力；人之使用其官能，除旨在更有效地执行那个假想意志外若还有任何其他目的，那还不如没有官能好。这就是嘉尔文主义的理论。有许多不自认为嘉尔文主义者的人也主张这个理论，不过采取一种温和的形式。所谓温和之处，乃在对于所断言的上帝意志予以较少禁欲性的解释；力言上帝的意志也要让人类餍足他们的一些意向；不过当然不是要照他们自己所择取的样子，而是要遵循服从的途径，也就是说，要遵循由权威指定给他们的途径。情事的必要条件既是如此，所以对于所有的人都是同样的。

在类此的狡诈形式之下，目前对于这种狭窄的人生论以及它所奖助的那类捏瘦和抽紧了的人类性格颇有一种强烈的趋向。有许多人无疑是真诚地认为，这样收小和铿短了的人类本是造物者设计要他们如此的；正如有许多人想，树木剃了平头或者剪作动物形状之后要比自然所给的本来面目好看得多。但是，假如有任何一部分宗教相信人是由一个善的存在造出来的，那么，与此信条更称一致的想法就该相信，这位存在之赋予人类以一切官能乃是要让它们受到培养，可以舒展，而不是要让它们尽被铲除，概归消灭；还该相信，这位存在是欢喜他所创造的人类步步接近于体现在他们身上的理想概念，是欢喜他们的领会能力、行动能力以至享受能力的每一增长的。另有一类不同于嘉尔文主义的关于人类优异性的想法，认为人类之受得其秉性自非只为遭受否定而系别具目的。“异教的自我主张”正和“基督教的自我否定”一样，同为人类价值的因素之一。[①] 还有一种希腊型的自我发展的理想，柏拉图的和基督教的自我管制的理想与它交织起来，但并没有取而代之。我以为，做一个约翰诺克斯（John Knox）比做一个阿尔西必蒂（Alcibiades）要好一些，而做一个帕吕克里斯（Pericles）则比二者都要更好；当然，这个帕吕克里斯，假如我们在这些日子里曾有过这个人的话，也不会是没有约翰诺克斯所有的一切好处的。

人类要成为思考中高贵而美丽的对象，不能靠着把自身中一切个人性的东西都磨成一律，而要靠在他人权利和利益所许的限度之内把它培养起来和发扬出来。由于这工作还一半牵连着做这工作的人的性格，所以借着这同一过程，人类生活也就变得丰富、多样、令人有生气，能供给高超思想和高尚情感以更丰足的养料，还加强着那条把每个人和本民族联结在一起的纽带，因为这过程把一个民族也变得大大地更加值得个人来做它的成员。相应于每人个性的发展，每人也变得对于自己更有价值，因而对于他人也能够更有价值。他在自己的存在上有了更大程度的生命的充实；而当单位中有了更多的生命时，由单位组成的群体中自然也有了更多的生命。当然，为着防止人性的较强标本侵蚀他人的权利，必要数量的压制还不能免去：但是，即使从人类发展的观点来看，也是所得足以厚偿所失的。个人因被阻遏不得餍足其损害他人的意向而失去的发展手段，主要都以他人的发展为代价而得回了。并且，甚至就他本人来说，正因约束了他本性中自私性部分的发展才使其社会性部分可能有更好的发展，得失之间也是足以充分相抵的。

① 见斯德林（Sterling）的论文集。

一个人为他人之故而受制于正义的严格规律，这正足以发展他的以他人的利益为自己的目标的情感和能力。但是如果在并不影响他人利益的事情上只为他人不高兴而受到束缚，这便不能发展任何有价值的东西，倒只能发展性格中那种不会伸展自己去反抗束缚的力量。人若妥协于此，就使得全部本性迟钝模棱起来。要想给每人本性任何公平的发展机会，最主要的事是容许不同的人过不同的生活。在任何时代里，只看这一项独立自由运用到怎样程度，就相应地可以知道那个时代怎样值得为后代所注视。就是专制制度也不算产生了它的最坏结果，只要人的个性在它下面还存在一天；反之，凡是压毁人的个性的都是专制，不论管它叫什么名字，也不论它自称是执行上帝的意志或者自称是执行人们的命令。

前文已说明个性与发展乃是一回事，已说明只有培养个性才产生出或者才能产生出发展得很好的人类，我在这里就可这样来结束这个论证了：关于人类事务的情况，已说到它把人类自身带到更近于他们所能做到的最好的东西，难道还有比这个更多或更好的事可说吗？说到对于好事的妨碍，难道还有比阻碍这事更坏的事可说吗？这些考虑无疑还不足以说服那些最需要说服的人们；还有必要进一步说明发展了的人对于尚未发展的人还有某些用处，这就是要对那些不要自由也不想受自由之惠的人们指出，如果他们容许他人利用自由而不予阻碍，他们也会在某些不难理解的方式下得到报酬的。

第一点，我想提示一下，他们可能从发展了的人们学到些东西。任何人也不会否认，首创性乃是人类事务中一个有价值的因素。永远需要有些人不但发现新的真理，不但指出过去的真理在什么时候已不是真理，而且还在人类生活中开创一些新的做法，并做出更开明的行为和更好的趣味与感会的例子。谁只要还不相信这世界在一切办法和做法上已臻尽善尽美，谁就不能很好地反驳这一点。诚然，这种惠益并非每人都能同样做得出来：在与整个人类相比之下，只有少数的人其生活试验如经他人采纳，可能会在行之有素的做法上算是一点什么改进。但是这些少数人好比是地上的盐，没有他们，人类生活就会变成一池死水。还不仅是靠他们来倡导前所未有的好事物，就是要保持已有事物中的生命，也要指靠他们。如果没有新的事物要做，人类智慧岂非就再不必要了吗？一仍旧贯专做陈事的人所以会忘掉为何要做它们，并且做起来又只像牛而不像人，这岂不是一个理由吗？在最好的信条和最好的做法中，向机械性退化的趋势只嫌太大了；除非有一连串的人以其不断产生的首创性阻止那些信条和做法的根据变成仅是传袭的，这样死的东西就不能抵抗任何真正活的东西的最小一点震撼，那就没有理由说文明为什么不会像在拜占庭帝国（Byzantine Empire）那样消亡下去了。诚然，有天才的人乃是而且大概永是很小的少数；但是为了要有他们，却必须保持能让他们生长的土壤。天才只能在自由的空气里自由地呼吸。有天才的人，在字义的命定下就是比任何人有较多个性的，惟其如此，也就比任何他人都更不能适应社会为了省去其成员形成个人性格之麻烦而准备下的那些少数模子而不感到有伤害的压束。假如他们因怯懦而同意被迫纳入那些模子之一，听任其在压力下不能扩展的一切个人部分不扩展，那么社会也不会因有他们的天才而变好多少了。如果他们的性格强，打碎了身上的枷锁，他们就变成社会要压为凡庸而未成功的一个标志，社会就要以严正警告的意味指斥为“野人”、“怪物”以及诸如此类的称号，很像有人会埋怨尼加拉（Niagara）河，怪它不像荷兰的运河那样束于两岸之间而平静地流去。

我这样强调地坚持天才的重要性，坚持让它在思想上和实践上都得自由舒展的必要性，我深知在理论上没有人会否认这个立场，但是我也深知在实际上却是几乎每个人都对它漠不关心的。人们想，天才若能使人作出一首动人的好诗或者画出一幅好画，那确是很好的东西。但是一说到它的真义，一说到思想上和行动上的首创性，虽然没有一个人明说那不是什么可赞美的东西，可是几乎每个人心里都想，没有它，我们也能干得很好。不幸的是，这一点是太自然而无足怪了。首创性这个东西，是无首创性的心灵所不能感到其用处的。他们不能看到它会为他们做些什么——他们怎能看到呢？假如他们能看到它会为他们做些什么，它也不成其为首创性了。首创性得为他们服务的第一件事，乃是把他们的眼睛打开；这件事一经充分做到之后，他们便有机会使自己成为有首创性的人了。同时，人们都要记住，没有一件事不是有某一个人第一个做出来的；人们还要记住，现有的一切美好事物都是首创性所结的果实；既然如此，那么就请大家都以足够的谦虚来相信，这里还剩有一些事情要由首创性去完成；还请大家也以足够的谦虚来确告自己，自己愈少意识到缺乏首创性就愈多需要首创性。

说句清醒的真话，不论对于实在的或设想的精神优异性怎样宣称崇敬甚至实际予以崇敬，现在遍世界中事物的一般趋势是把平凡性造成人类间占上风的势力。在古代历史里，在中世纪间，以及以逐渐减弱的程度在由封建社会到当前时代的漫长过渡中，个

人自身就是一个势力；如果他具有宏大的才智或者据有崇高的社会地位，他就更是一个可观的势力。到现在，个人却消失在人群之中了。在政治中，若还说什么公众意见现在统治着世界，那几乎是多余的废话了。唯一实称其名的势力，只是群众的势力，或者是作为表达群众倾向或群众本能的机关的政府的势力。这一点，在私人生活方面的道德关系及社会关系中和在公众事务中是一样真实的。有些人，其意见假公众意见之名以行，却并非总是同一类的公众：在美国，他们所谓公众只是全体白人；在英国，主要是中等阶级。但他们却永是一群，也就是说，永是集体的平凡的人们。还有更怪的怪事，群众现在并不从教会或国家的贵人那里，也不从公认的领袖那里或者书本当中，取得他们自己的意见。他们的思考乃是由一些和他们自己很相像的人代他们做的，那些人借一时的刺激，以报纸为工具，向他们发言或者以他们的名义发言。我并非埋怨这一切。我并不肯定说任何较好的事物，照一般的规律，可以和现在人心的这种低下状态相容并立。但是那并不足以阻挡平凡性的统治之成为平凡的统治。从来没有一个民主制或多数贵族制的政府，不论在它的政治行动方面或者在它所培育的意见、品质以及心灵情调方面，曾经升高或者能够升高到平凡性之上，除非最高统治的多数人能让自己接受具有较高天赋并受有较高教养的一个人或少数人的指导（在他们最好的时候总是这样做的）。凡一切聪明事物或高贵事物的发端总是也必是出自一些个人，并且最初总是也必是出自某一个个人。一般人的令誉和光荣就在他能跟随那个发端；就在他能够从内心对那些聪明和高贵的事物有所反应，并且睁着眼睛被引向它们。我绝非在鼓吹那种“英雄崇拜”，奖励有天才的强者以强力抓住世界的统治，使世界不顾自身而惟他之命是听。他所能要求的一切只是指出道路的自由。至于强迫他人走上那条道路的权力，那不仅与一切他人的自由和发展相矛盾，而且对这个强者自己说来也足以使他腐化。看来，在仅仅是一般群众的意见到处都成为或者正在成为支配势力的今天，对于这种倾向的一个平衡力量和矫正办法，正要那些在思想方面立于较高境地的人们愈来愈多地发挥其断然的个性。在这种环境中，那种突出的个人特别不应当受到吓唬不去做，而应当受到鼓励要去做出与群众不同的行动。在别的时候，他们这样做时，必须不但与群众不同而且比群众较好，才算有些益处。在今天这个时代里，只要仅仅是不屑苟同的一个例子，只要仅仅是拒绝向习俗屈膝，这本身就是一个贡献。恰恰因为意见的暴虐已达到把怪僻性做成一个谴责对象的地步，所以为了突破这种暴虐，人们的怪僻才更为可取。凡性格力量丰足的时候和地方，怪僻性也就丰足；一个社会中怪僻性的数量一般总是和那个社会中所含天才异秉、精神力量和道德勇气的数量成正比的。今天敢于独行怪僻的人如此之少，这正是这个时代主要危险的标志。

前文讲到要尽可能给予不合习俗的事物以最自由的发展余地，以便随时可以看到其中有哪些事物宜于转成习俗，这是很重要的。但是行动的独立性以及对于习俗的蔑视之所以值得鼓励，还不是只因为它们对于较好的行动方式以及更加值得一般采纳的习俗能够提供脱颖而出的机会；也不是说只有具有确定的精神优异性的人们才可以正当要求按照自己的道路过他们的生活。说一切人类存在都应当在某一种或少数几种模型上构造出来，那是没有理由的。一个人只要保有一些说得过去的数量的常识和经验，他自己规划其存在的方式总是最好的，不是因为这方式本身算最好，而是因为这是他自己的方式。人不像羊一样；就是羊，也不是只只一样而无从辨别的。一个人不能得到一件合身的外衣或一双可脚的靴子，除非量了他的尺寸来定做，或者除非有满满一堆栈的货色来供他挑选：难道说要给他一个合适的生活比要给他一件合适的外衣还容易些，或者说人们彼此之间在整个物质的和精神的构造上的相同比在脚形上的相同会多些吗？只须仅仅说到人们具有多种歧异的嗜好，这一点就足够成为所以不要试图用一个模子来范铸他们的理由了。而不同的人需要不同的发展其精神的条件；不同的人不能健康地生存于同一道德的空气和气候之中，正不亚于各种各样的植物不能健康地生存于同一物质的空气和气候之中。同一些事物，对于这个人在培养其较高本性方面是助益，对于另一个人则成为障碍。同一种生活方式，对于这个人是一个健康的刺激，足以使其行动和享受的一切官能得到最适当的应用，对于另一个人则成为徒乱人意的负担，足以停歇或捣碎一切内心生活。人类中在快乐的来源上，在痛苦的感受性上，以及在不同物质的和道德的动作对于他们的作用上有如此多般的不同，所以人类除非在其生活方式方面也相应地有如此多般的歧异，他们就既不能获得其公平的一份愉快，也不能在精神方面、道德方面和审美方面成长到他们本性能够达到的体量。这样看来，专就公众情操来说，为什么宽容还应当仅仅施及那些由其为数众多的依附者强要他人勉从的生活嗜好和生活方式呢？当然，没有哪里(除非在某些僧院组织中)会完全不承认嗜好的分歧：譬如一个人对于或是划船，或是抽烟，或是音乐，或是体操，或是下棋，或是打纸牌，或是研究什么东西等等都可以或爱好或不爱好而不受什么责难，这是因为爱好和不爱好这些事物的人都为数太多以致无法压倒的缘故。但是有些能被指控为为"尽人之所不为"或是不为"尽人之所为"的男人或女人——在女人则尤甚——仍然是众所贬议的话题，其程度正像他或她犯了某种严重的道德过失一样。人们需要拥有一个尊号，或者拥有品位（或他人对于品位的看法）上的某种标志，才能稍稍肆意于为所欲为而不致损及对自己的评价。对于稍稍肆意，我重复一句，因为不论何人若多有一点那种肆意，就要蒙受到比贬词还厉害的危险——他们竟处于可能被判定有精神错乱的行为而被夺去财产并交付给他们的亲属的危险境地呢。①

当前公众意见的方向中有一个特点，特别适于使它对个性的任何显著表现不能宽容。人类中的一般中材不仅在智力上是平庸

① 近年来，任何人都可被法庭裁断为不配处理自己的事务，从而在他死后抹煞他对自己财产的处分，只要其中付得出课于财产本身的诉讼费用就行。在这种案件上作证的情况是既可鄙又可惊的。对他日常生活中的一切微末细节都要加以探查，通过低中最低的感觉官能和描述官能，只要找到任何一点与绝对陈套不尽相像的现象，就提到陪审官面前作为精神错乱的证据，而且往往有效，因为陪审员庸俗无知的程度既比见证人差得有限，如果还差一点的话，而裁判官又因异常缺乏人性和人生的知识（这种无知至今在英国法律人士中仍继续使我们惊异）而往往帮助着误引他们。这些审判连篇累牍说明着俗人关于人类自由的意见和情感状态。裁判官和陪审员们远不知道个性有何价值，远不尊重个人在无所谓的事情上按照自己的判断和意向行动的权利，竟至不能意想到一个人在精神健全的状态下会向往这种自由。在往日，当人们主张烧死无神论者的时候，慈悲的人士常常提议不如把他们放进疯人院中；想到这里，那么在今天，我们见有上述这种事情做了出来，而做者还以没有进行宗教迫害却采取了这样人道的和基督教的方式来对付这些不幸之人而自称自赞，并在不言之中又深以他们由此也受到应得的惩罚而感到满足，也就不是什么可怪的事了。

的，就是在意向方面也很平庸：他们没有足够强烈的嗜好或愿望能使他们向往于做些什么不平常的事，因而他们也不能理解有那种嗜好或愿望的人，径把那种人划归野性难驯和不知节制的一类，而那又是他们素所鄙视的。现在，在这个普遍的事实上面，我们只需再设想有一个旨在改进道德的强烈运动插进来，这显然是我们所必须期待的。在这些日子里，这样一个运动果然插进来了，已经实际在加重行为规则性、挫折行为过度性的道路上做出了很多效果。而同时外边还有一种慈悲为怀的精神，为了实施这种精神，自然没有比去改进我们同胞的道德和智虑这件事更能招徕它的了。正是这个时代的这些趋势使得公众比在以前多数时期中更加倾向于指定行为的普遍规律，并力图使每人都适合于被认可的标准。而这个标准，明言昭示也好，不言而喻也好，乃是要对任何事物都不存强烈的欲望。其性格的理想乃是要没有任何显著的性格；乃是要用压束的办法，像中国妇女裹脚那样，斫丧人性中每一突出特立的部分，把在轮廓上显有异征的人都造成碌碌凡庸之辈。

理想既常把可取的事物一半排除在外，现在的嘉奖标准又只产生对于那另一半的一个更次的模仿。这个嘉奖标准发挥作用的结果，在有力理性指导之下的宏大精力是没有了，在良心意志有力控制之下的有力情感也没有了；代之而来的却是微弱的情感和微弱的精力，这当然就能保持表面上合于规律而没有任何意志的或理性的力量。在任何宏大规模上富有精力的人物已经正在变成仅是因袭性的了。现在在这个国度里，除了生意而外，精力很少有什么出路。花费在那个上面的精力还可以说是很可观的。这样使用之余还剩下的一点精力，则是花费在某种日常爱好的事情上；这也许是一个有用的甚至慈善性的嗜好，但总只是一件事，而且一般还是一件不成大器的事。英国的伟大现在全在集体：以个人论则是渺小的，看来我们之能做什么伟大的事情只是靠我们能够联合的习惯；而这情况正是我们的道德的和宗教的慈善家们所感到完全满足的。但是要知道，曾使英国成为过去的英国的却不是这一流而是另一流的人们；而现在要阻止英国的衰落也还将需要这另一流的人呢。

习俗的专制在任何地方对于人类的前进都是一个持久的障碍，因为它和那种企图达到某种优于习俗的事物的趋向是处于不断冲突之中的。那种要胜过习俗的趋向，根据各种情况，可以叫作自由精神，或者叫作前进精神或进步精神。进步精神并不总是等于自由精神，因为进步精神会企图以进步之事强加于并不情愿的人民；而自由精神要抵抗这种企图，也会与反对进步者局部地和暂时地联合起来。但是进步的唯一可靠而永久的源泉还是自由，因为一有自由，有多少个人就可能有多少独立的进步中心。但是前进的原则，不论是在爱好自由还是在爱好进步的哪一种形态之下，与习俗统治总是处于敌对地位，至少含有要从那个束缚下解放出来的意思。这二者之间的斗争构成人类历史中的主要瞩目之点。正当说来，世界的大部分没有历史，因为习俗专制还是十足的。整个东方的情况就是这样。在那里，一切事情都最后取断于习俗；所谓公正的、对的，意思就是说符合于习俗；以习俗为论据，除非是沉醉于权力的暴君，就没有人还会想到抗拒。而我们看到其结果了。那些国族必定是一度有过首创性的；他们也不是一出场就在一片富庶而有文化、又精于多种生活艺术的国土上，所有这一切乃是他

们自己做出来的，而在当时也就成为世界上最伟大和最有势力的国族。他们现在却成了什么呢？他们现在却成为另一些民族的臣民或依附者了——那另一些民族的情况是，当前者的祖先早已有了壮丽宫殿和雄伟庙宇的时候，他们的祖先还处于“筚路蓝缕，以启山林”的阶段，不过在那里，习俗对他们只施行了与自由和前进平分下来的部分统治。这样看来，一族人民是会在一定长的时期里前进一段而随后停止下来。在什么时候停止下来呢？在不复保有个性的时候。至于欧洲各国族，假如类似的变化会临到他们，那不会是恰正相同的形态：这些国族所遭受习俗专制的威胁不会恰恰是静止状态。在这里，习俗专制所悬为厉禁的乃是独异性，对于变易则并不防阻，只要是大家一齐变易。例如，我们都早已抛弃了我们祖先的固定服装；每人还必须穿着得和他人一样，但时样则可以一年有一两次变易。由此我们就可注意到，如有变易，也是为变易而变易，而不是出于什么美观或方便的观念；因为同一美观或方便的观念不会在同一时刻打动了全世界，而在另一个时刻又为全世界所同时一齐抛弃。但我们是既能前进又能变易的：我们在机械的东西方面不断做出新的发明，并把它们保存到再有更好的发明取而代之：我们在政治方面、教育方面、甚至道德方面也急于有所改进，虽然在最后一点上我们所谓改进的观念主要是劝说或强制他人要像我们自己一样的好法。我们并不反对前进；相反，我们还谄谀自己说我们是前所未有的最前进的人民。我们所力战以反对的乃是个性：假如我们已使我们自己成为大家都一样的，我们会想那才是建了不世之奇功；可是我们忘记了，一个人和另一个人不一样，这才是最能吸引双方注意的事情，使他们既注意到自己这一型的不完善，又注意到他人那一型的优越性，或者还注意到集合二者之优点而产生比二者都好的事物的可能性。我们要以中国为前车之鉴。那个国族乃是一个富有才能并且在某些方面甚至也富有智慧的国族，因为他们遇有难得的好运，竟在早期就备有一套特别好的习俗，这在某种范围内也就是一些即使最开明的欧洲人在一定限制下也必须尊称为圣人和智者的人们所做出的事功。他们还有值得注视的一点，就是有一套极其精良的工具用以尽可能把他们所保有的最好智慧深印于群体中的每一心灵，并且保证凡是最能称此智慧的人将得到有荣誉有权力的职位。毫无疑义，做到这个地步的人民已经发现了人类前进性的奥秘，必已保持自己稳稳站在世界运动的前列。可是相反，他们却已变成静止的了，他们几千年来原封未动；而他们如果还会有所改进，那必定要依靠外国人。他们在我们英国慈善家们所正努力以赴的那个方面，即在使一族人民成为大家都一样、叫大家都用同一格言同一规律来管制自己的思想和行为方面，已经达到出乎英国慈善家们的希望之外了；而结果却是这样。近代公众意见的王朝实在等于中国那种教育制度和政治制度，不过后者采取了有组织的形式而前者采取了无组织的形式罢了。除非个性能够成功地肯定自己，反对这个束缚，欧洲纵然有其高贵的过去的历史以及所宣奉的基督教，也将趋于变成另一个中国。

什么东西保住欧洲至今没有步入这个命运呢？什么东西使得欧洲的国族大家庭没有成为人类中静止的一部分而成为进步的一部分呢？不是这些国族内的什么优异美德——那如果存在，也是作为结果而存在，而不是作为原因而存在的——而是他们性格上及教养上的显著歧异。个人之间,阶级之间,国族之间,都是彼此极不相像:他们闯出了各式各样的多种蹊径,条条通向某种有价值的东西;虽然行在不同蹊径上的人们每个时期都曾彼此不相宽容,每人都想若能强使其余的人走上自己的道路才是再好不过的事,可是他们相互阻挠发展的努力很少有什么持久的成功,每人终于随时忍愿接受了他人所提供的好处。照我判断,欧洲之得有前进的和多面的发展,完全是受这个蹊径繁多之赐。但是,它之保有这项惠益,也已开始是在一个减少得可观的程度上了。它正朝着那种要使一切人都成为一样的中国理想断然前进。托克韦尔(M. de Tocqueville)在其最后一部重要著作中,曾评论到今天的法国人甚至比前一代的法国人是怎样更加彼此相像了。我看若说到英国人,还可以在远远更大的程度上来作这同一评论。在前文所引罕波尔特的一段文字中,他指出了两个东西,因其为要使人们彼此相异所必需,所以也就是人类发展所必要的条件,那就是:自由和境地的多样化。这两个条件中的第二个,在这个国度里正在逐日减少着。围绕着不同阶级和个人并范铸其性格的各项情况日益趋于同化了。从前,不同的品位、不同的邻居、不同的行业和职业,可以说是生活在不同的世界里;现在呢,则是在很大的程度上生活在相同的世界里。比较地说,他们现在读相同的东西,听相同的东西,看相同的东西,去相同的地方,所抱有的希望和恐惧是指向相同的对象的,享有相同的权利和自由,握有相同的主张那些东西的手段。还保存着的地位上的区别尽管还很大,若和已经消失的相比却就不算什么了。而这种同化还在进行中。时代中的一切政治变化都在促进同化,因为所有这些变化都趋向把低的提高而把高的降低。教育的每一扩展都在促进同化,因为教育把人们置于共同的影响之下,并给予人们以通向一般事实和一般情操的总汇的手段。交通工具的改善也在促进同化,因为这使分处远地的居民有了亲身接触,又引起一个易地移居的急流。商业和制造业的增加也都在促进同化,因为这把舒适环境的好处散布得更加广泛,把野心奢望的一切目标甚至最高的目标都开放给普遍竞争,因而向上爬的欲望就不再只是一个特定阶级的性格,而成为一切阶级的性格。在促成人类普遍同化方面还有一个甚至比所有那些因素都更有力的动力,就是公众意见在我国和其他自由国度里已在国家中确立了完全的优势。当社会上各种不同的让人们能够据以筑堡自守而无视大众意见的高地逐渐夷平,当实际的政治家们心中肯定地知道了公众有一个意志而连抗拒公众意志的观念都愈来愈消失掉的时候,社会上对于不屑苟同的支持就再也没有一点了,就是说,社会上那种由于自身反对数目优势因而关心于保护与公众意见和公众趋向有所出入的意见和趋向的实质力量是再也没有一点了。

所有上述这些原因合在一起,就形成了一大群与个性为敌的势力,这势力是如此之大,以致不易看出个性怎样还能保住它的根据。个性要保住它的根据,将有愈来愈大的困难,除非我们能做到让公众中有头脑的一部分感到个性的价值,让他们看到有不同是有好处的,即使不是不同得更好,甚至在他们看来或许有些是不同得更坏。假如对个性的权利还要加以主张的话,现在正当那种强行同化还大有所缺而未完成之际,可正是时候了。凡对侵蚀要作任何抵抗,只有在较早阶段才能成功。那个要使所有他人都像我们自己的要求乃是要靠饲养它的东西来生长的。如果抵抗要等到生活已经几乎磨成一个一致的类型之后再来进行，那么一切岔出那个类型的生活就将终至被认为不敬神、不道德、甚至是怪异和违反本性的。人类在有过一段时间不习惯于看到歧异以后，很快就会变成连想也不能想到歧异了。

第四章　论社会驾于个人的权威的限度

这样讲来，个人统治自己的主权又以什么为正当的限制呢？社会的权威又在哪里开端呢？人类生活中有多少应当派归个性，有多少应当派归社会呢？

如果它们各有比较特别关涉自己的方面，它们就将各得其所应得的一份。凡主要关涉在个人的那部分生活应当属于个性，凡主要关涉在社会的那部分生活应当属于社会。

虽然社会并非建筑在一种契约上面，虽然硬要发明一种契约以便从中绎出社会义务也不会达到什么好的目的，但每人既然受着社会的保护，每人对于社会也就该有一种报答；每人既然事实上都生活在社会中，每人对于其余的人也就必得遵守某种行为准绳，这是必不可少的。这种行为，首先是彼此互不损害利益，彼此互不损害或在法律明文中或在默喻中应当认作权利的某些相当确定的利益；第二是每人都要在为了保卫社会或其成员免于遭受损害和妨碍而付出的劳动和牺牲中担负他自己的一份（要在一种公正原则下规定出来）。这些条件，若有人力图规避不肯做到，社会是有理由以一切代价去实行强制的。社会所可做的事还不止于此。个人有些行动会有害于他人，或对他人的福利缺乏应有的考虑，可是又不到违犯其任何既得权利的程度。这时，犯者便应当受到舆论的惩罚，虽然不会受到法律的惩罚。总之，一个人的行为的任何部分一到有害地影响到他人的利益的时候，社会对它就有了裁判权，至于一般福利是否将因为对此有所干涉而获得增进的问题则成为公开讨论的问题。但是当一个人的行为并不影响自己以外的任何人的利益，或者除非他们愿意就不需要影响到他们时（这里所说有关的人都指成年并具有一般理解力的人），那就根本没有蕴蓄任何这类问题之余地。在一切这类情事上，每人应当享有实行行动而承当其后果的法律上的和社会上的完全自由。

对于这个教义，如果有人认定它是"各人自扫门前雪，不管他人瓦上霜"的说法，认定它硬说人类彼此之间在生活中的行为上各不相干，硬说每人除非牵涉到自己的利害就不应当涉身于他人的善行或福祉，那就是一个很大的误解。毫无疑义，为着促进他人的好处的无私效劳绝不需要有任何降减而是需要有大大增加的。但是无私的慈善尽能够找到其他工具劝使人们得到好处，而不必使用鞭子或板子，无论是扣紧字义来说的或者是借作比喻来说的鞭子或板子。若说有谁低估个人道德，我是倒数第一名；个人道德在重要性上仅仅次于，假如还能说是次于，社会道德。教育的任务也是要对二者作同等的培养。但是即便是教育，其运用也有借辩服和劝服以及借强制办法之区别，而对于已过教育时期的人，个人道德的教诲是只应以前一种办法来进行的。人类彼此之间应当相互帮助来辨别好与坏，应当相互鼓励来选取前者而避开后者。他们还应当永远相互砥砺，使其较高官能获得愈益增多的运用，使其情感和志趣愈益指向聪明的而非愚蠢的、升高的而非堕落的目标和计划。但是，不论是一个人也好，或者是任何多数人也好，都无权对另一个成年人说，为了他自己的益处他不可用其一生去做某件他所选定要用其一生去做的事。对于一个人的福祉，本人是关切最深的人；除在一些私人联系很强的情事上外，任何他人对于他的福祉所怀有的关切，和他自己所怀有的关切比较起来，都是微薄而肤浅的。社会对于作为个人的他所怀有的关切（除开对于他对他人的行为而外）总是部分的，并且完全是间接的；而本人关于自己的情感和情况，则虽最普通的男人或妇女也自有其认识方法，比任何他人所能有的不知胜过多少倍。社会在个人只关己身的事情上要强使他一反其自己的判断和目的，这种干涉只能是以一般的臆断为根据；可是这种一般臆断可能完全错误，而且即使是对的，怕也还是不可由一些对于某些个别情事的情况只不过有着仅仅从外表看来的一点认识的人错误地应用于那些个别情事。这样看来，在人类事务的这一部类中，个性是有其应有的活动场所的。在人们彼此相对的行为中，一般规律必需受到注意并得到遵守，以便人们可以知道他们必须作何期待；但是在每人只涉及自己的事情中，他的个人自动性就有权要求得到自由运用。一切要帮助他判断的考虑，要增强其意志的劝勉，尽可由他人提供他，甚至塞给他；但是，他本人是最后的裁夺者。要知道，一个人因不听劝告和警告而会犯的一切错误，若和他容让他人逼迫自己去做他们认为对他有好处的事这一罪恶相权起来，后者比前者是远远重得多的。

我的意思并不是说，无论某人个人方面的品质或缺陷怎样，他人对他的观感都不应受到影响。这是既不可能也不可取的。如果他在助成自己好处的品质方面有杰出的地方，他在这点上就是理所当然的赞美对象。他就较接近于人类本性的理想的完善。如果他在那些品质方面有重大的缺陷，他人自然就随着产生一种与赞美相反的情操。一个人会表现出某种程度的愚蠢和某种程度的所谓趣味的低下和堕落（虽然这措词并不是不易惹人反对的），这虽不能成为他人对他加害的正当借口，但必然也应当使他成为一个被人厌恶的对象，或者在极端的情事中甚至成为被人鄙视的对象：一个具有相当强的相反品质的人对他是不能不怀有这些观感的。一个人虽没有做过对不住什么人的事，也会做到叫我们不得不判定他并感到他是一个呆子或者是一个次等的人物；而这个判定和观感既是他所愿避免的事情，因而预先警告他不要再弄出他已经容易遭受的其他不愉快的后果，也就算给他一个帮助。这种有益的效劳若能突破现在的一般客气观念而做得更随便得多，一个人若能老老实实向另一个人说出他看他有着缺点而不致被认为无礼或冒失，那实在是很好的事。我们还有权利以各种不同的办法让我们对某人观感不佳的意见发生作用，不致压抑他的个性，却能运用我们的个性。譬如说，我们并不是非与他合群不可；我们有权利避免与他合群（虽然不必大肆夸示这种躲避），因为我们有权利选择与我们最能相合的群。我们也有权利，并且还许是我们的义务，去警告他人也要这样，假如我们认为他的榜样或谈话对于和他结交的人大概会产生有害的结果。在一些随意的有益效劳方面，除专为帮助他改善自己的那种效劳外，我们也可以优先选择他人而不选择他为对象。在这些不同方式之下，一个具有某些直接只关己身的缺点的人可以从他人手里受到极其严酷的惩罚；但是他之受到这些惩罚只是作为那些缺点本身的自然的和也可说自发的后果，而不是有谁为了惩罚之故有目的地施罚于他。一个人表现卤莽、刚愎、自高自大，不能在适中的生活资料下生活，不能约束自己免于有害的放纵，追求兽性的快乐而牺牲情感上和智慧上的快乐——这样的人只能指望被人看低，只能指望人们对他有较少的良好观感；而他对于这点是没有权利来抱怨的，除非他以特殊优越的社会关系赢得他们的好感，从而具备资格博取他们的有益效劳，而不受他自身缺点的影响。

我在这里所争论的一点是，一个人若只在涉及自己的好处而不影响到与他发生关系的他人的利益的这部分行为和性格上招致他人观感不佳的判定，他因此而应承受的唯一后果只是与那种判定密切相连的一些不便。至于对他人有损害的行动，那就需要有完全不同的对待了。侵蚀他人的权利，在自己的权利上没有正当理由而横加他人以损失或损害，以虚伪或两面的手段对付他人，不公平地或者不厚道地以优势凌人，以致自私地不肯保护他人免于损害——所有这些都是道德谴责的恰当对象，在严重的情事中也可成为道德报复和道德惩罚的对象。不仅这些行动是如此，就是导向这些行动的性情正当说来也是不道德的，也应当是人们不表赞同或进而表示憎恶的东西。性情的残忍、狠毒和乖张——这些是所有各种情绪中最反社会性的和最惹人憎恶的东西——妒忌，作伪和不诚实，无充足原因而易暴怒，不称于刺激的愤慨，好压在他人头上，多占分外便宜的欲望（希腊人叫做“伤廉”），借压低他人来满足的自傲，以“我”及“我”所关的东西为重于一切并专从对己有利的打算来决定一切可疑问题的唯我主义——所有这一切乃是道德上的邪恶，构成了一个恶劣而令人憎恶的道德性格。这与前

节所举只关己身的那些缺点是不一样的。那些缺点正当说来不能算是不道德,不论达到怎样高度也不会构成毒恶。它们可以算是某种程度的愚蠢或者缺乏个人尊严和自重的征证;但是它们只有在个人须为他人自爱而不知自爱因而背弃对他人的义务的时候才能成为道德谴责的对象。所谓对己的义务,就是说不是对社会负有责任的,除非情况使得它同时也成为对他人的义务。这个名词如果除谓自慎之外还有什么更多的意义,那就是指自重或自我发展;没有人须为这些向同胞交代,因为它们都不是为人类的好处之故而必须由本人负责向他们交代的事情。

一个人因在自慎或个人尊严上具有缺点而当然会招致的他人观感方面的损失和因对他人权利有所触犯而应当遭受到的谴责,这二者之间的区分并非仅仅是名义上的区分。他是在我们想到我们有权控制他的事情上使得我们不高兴,还是在我们知道我们无权控制他的事情上使得我们不高兴,这在我们的情感上和在我们对待他的行为上都有极大的不同。如果他使我们不高兴,我们可以表示我们的厌恶,我们可以远避他正和远避一个讨厌的东西一样;但我们却不会因此就感到受有使命要把他的生活弄得不舒服。我们会思考到,他已经受到或者将要受到他的过失的全部惩罚;如果他因处置失当而破坏了他的生活,我们不会为此之故而要更进一步去破坏它;我们会不愿再去惩罚他,倒会要借着指示他怎样避免或者补救他的行为带给他的灾祸来努力减轻他的惩罚。他在我们面前可能是悯怜的对象,或许是不欢喜的对象,但不会成为愤怒或愤慨的对象;我们不会把他当作社会的一个敌人来对待;我们会想我们有理由可以对他做到的最坏程度乃是随他自己去,假如我们不想借着对他指明利害关系来作什么好意干涉的话。如果他不论是个人或者是集体地违犯了为保护其同胞所必需的规律，那就不可同日而语了。这时，他的行动的罪恶后果就不是落在他自己身上而是落在他人身上；而社会作为其全体成员的保护者就必须对他施以报复，就必须为着明白的惩罚的目的而给他以痛苦，还必须注意使这惩罚有足够严厉的程度。总之，在这一情事中，他是我们法庭前的一个犯人，我们不仅受有使命要坐下来对他审判，而且还要在这种或那种形态下起而执行我们自己的判决书；而在别的情事中，我们则没有职责去对他施加任何痛苦，除开在我们行使我们所有也是他所同样享有的规定自己事务的自由时偶然随来的一些使他感到痛苦的事情。

这里指出的一个人生活中只关自己的部分和涉及他人的部分之间的区分，有很多人会拒不承认。他们会问：社会中一个成员的行为，无论哪一部分，对其他成员说来怎能是漠不关心的事呢？没有一个人是完全孤立的存在；一个人若做了什么严重或永久有害于自己的事，其祸害就不可能不至少延及其左右亲人，并往往远及亲人以外的人。他如果毁了他的财产，对那些直接或间接赖它资助的人就有了损害，并且通常也必在或大或小的数量上减少了群体的总资源。他如果毁伤了自己的肉体的或精神的官能，他就不仅给所有赖他以取得某一部分快乐的人带来了灾祸，而且也使自己丧失了为同胞服一般所应服的劳役的资格，或许还在他们的好感或善心上成为一个负担；这种行为若频频发生，实比任何罪行都会更多地减损善之总量。最后一点，人们还会说，纵使一个人的邪恶或愚蠢没有直接伤到他人，他的榜样作用也是有害的；我们若为那些看到或知道他的行为就会学坏或者走入歧途的人们着想，也应当强迫他去控制他自己。

人们还会进一步说，即使错误行为的后果能够局限于邪恶的或没有思想的个人自身，难道社会对那种显然不配指导自己的人就该听任他们为所欲为吗？如果大家承认对于儿童和未成年的人应当给以违背他们自己的保护，那么，对于那些虽然已到成熟年龄可是同样没有能力管治自己的人们，社会不是也同样有义务给以这种保护么？如果说赌博、酗酒、随地便溺、游手好闲以及不讲清洁等等是和法律所取缔的行动中的多数或大多数同样有害于幸福并同样大有碍于进步，那么，法律在既合于实际可行又合于社会利便的条件下为什么不力图把它们也取缔掉呢？法律总是有些必不可免的不足之处的，为了补足它，舆论难道不应当至少组织成一支强大的警察力量来反对那些恶行并对凡被查出有那些恶行的人们施以严格的社会惩罚吗？可以说，这里根本没有所谓束缚个性或妨害生活中新的和首创性的尝试等问题。这里所要禁阻的只是自从开天辟地直到今天早已经过尝试而被判决的一些事情，只是经验早已表明为对于任何人的个性都不会有用或不能适合的一些事情。必须在经过一段时间和积累起一定数量的经验之后，才可以认为一种道德上的或智虑上的真理已经树立起来；而人们所要求的只是防阻一代又一代的后人不要在他们先人曾经失足致死的同一悬崖边上再坠落下去。

我充分地承认，一个人所做的对于自己的祸害会通过其亲近的人们的交感作用或利害关系而严重地影响到他们，也会在较小的程度上一般地影响到社会。当一个人由于这种行为而背弃了他

对一个或多数他人的明确而可指定的义务时，这情事就被划在只关己身的那一类情事之外，而应当在道德的不谅面前接受质问。举例来说，如果一个人由于不知节制或挥霍无度而无力偿付债务，或者已负有一个家庭的道德责任而无力赡养和教育，这当然应该受到谴责，就是施以惩罚也算正当。但是谴责或惩罚之点乃在他背弃了对家庭或债主的义务，而不在他的挥霍浪费。假如这笔应当专划归他们的款项是因移作一项最审慎的投资而变为无着，这在道德上还是同样可加谴责。乔治巴恩韦尔为替夫人谋财而害了叔叔的命；但假如他是为在生意中有所建树而干这事，他也同样会被处以绞刑。再看，一个人往往因沉溺于恶劣习惯而引起全家的苦恼，他当然应该为其刻薄或忘恩负义而遭受指责；但即使他是在培养某些本身并不邪恶的习惯，他也同样可以受到谴责，假如和他共同生活的人或者因私人联系而依他以享安乐的人引为痛苦的话。凡人若既非迫于某些更具必要性的义务，又在自己择取方面并无说得过去的正当理由，而竟失于对他人的利益和情感给以它们一般应当得到的考虑，他就成为道德不谅的对象；但这是为了有失考虑那一点，而不是为了所以有失考虑的原因，更不是为了某些只关本人自身、可能引为遥远导因的过失。同理，一个人若以纯属只关己身的行为毁伤了自己而失去对公众尽其本分上的某种确定的义务的能力，他就算犯了一个社会性的罪行。没有一个人应当单为喝醉了酒而受惩罚；但是一个士兵或一名警察则应当因为在执行任务时喝醉了酒而受惩罚。总之，情事一到对于个人或公众有了确定的损害或者有了确定的损害之虞的时候，它就被提在自由的范围之外而被放进道德或法律的范围之内了。

但是如果一个人的行为既没有违反对于公众的任何特定义务,也没有对自己以外的任何个人发生什么觉察得到的伤害,而由这种行为产生出来对社会的损害也只属非必然或者可以说是推定的性质,那么,这一点点的不便利,社会为着人类自由的更大利益之故是能够承受的。假如说成年的人因不能正当地照管自己而应受惩罚,我宁愿说这是为他自己之故,而不愿找个借口说这是为要阻止他损毁自己的能力以致不能对社会有所惠益——这惠益是社会并未冒称自己有权诛求的。但是我却不能同意这样来论证这一点,仿佛说社会除等待其较弱成员做出了什么不合理的事然后从而施以法律的或道德的惩罚外便没有办法把他们提高到合理行为的普通标准。社会在人们存在的全部早期当中是有绝对的权力来左右他们的:人们有着整个一段的儿童时期和未成年时期可以由社会来尝试是否能使他们在生活中有能力做合理的行为。现在的一代对于未来的一代,既是施行训练的主持人,也是全部环境的主导者。诚然,这一代不能使下一代的人们成为十分聪明十分好,因为它自己正是这样可悲地缺短着善和智;而它的最好的努力在一些个别情事上也不见得是最成功的努力;但是它总还完全能够使方兴的一代,作为一个整体来说,成为和它自己一样好,并且还比它自己稍稍更好一些。如果社会竟让其为数可观的成员长成之后仅是些孩子,没有能力接受就遥远动机所作合理考虑的作用,这种结果是要由社会本身承其咎责的。社会不仅仅为一切教育力量所武装,而且还被公认意见的优势权威所武装,这种权威永远在左右着不配自作判断的人们;社会又拥有一种助力,就是人们借厌恶或鄙视而加于所识者的一种阻挡不住的自然惩罚;让社会不必再僭称还需要在只关个人自己的事情上有发布命令并强制人们服从的权力吧，在那种事情上，从正义和政策的一切原则来说，总是应当由承当其后果的个人自己来做决定的。要影响行为而凭借较坏的办法，没有比这更会把较好的办法也弄得失去信用和失去效力的了。如果在被强迫要审慎或者要有节制的人们中，在他们性格中含有任何一点壮盛气势和独立精神的材料，他们就绝不会不反抗这个压力。这样的人永远不会感到他人有权利在他个人自己的事情上来控制他，像他们有权利阻挡他在他们个人自己的事情上来损害他们那样；而且这样的人还很容易认为这是有精神有勇气的表示，故意翱翔在这种篡得的权威面前，以矜示的姿态偏偏做出和它的命令恰正相反的事情，像在查尔斯二世（Charles II）时代继清教徒在道德方面不宽容的热狂而起的那种粗野风气就是如此。至于说到有必要保护社会避免邪恶或自纵的人给他人树立坏榜样，当然，坏榜样确是会起毒害作用的，特别以做了对不住人的事而本人却没有罪责这个坏榜样为尤甚。但是我们现在所谈的却是一种并没有对不住他人却假定大有害于自己的行为，于是我就看不出相信有这种事的人怎样能够除认为这事整个说来是利多于害的榜样外还别有他种想法，因为这事如果显露出错误的行为，也就显露出只要对那行为一加公正的谴责就可假定在全数或大多数情事上必定随伴着它的痛苦的或败坏名誉的后果。

在反对公众干涉纯粹私人行为的一切论据当中还有最有力的一点，那就是说，如果公众真去干涉，多数的情况是它作了错的干涉，干涉错了地方。在社会道德的问题上，在对他人的义务的问题上，公众的意见也即压制的多数的意见虽然常常会错，大概更常常

会是对的;因为在这类问题上他们只需要判断他们自己的利害,只需要判断某种行为如任其实行出来将会怎样影响到自己。但是在只关个人自身的行为的问题上,若把一个同样多数的意见作为法律强加于少数,会对会错大概各居一半;因为在这类情事上,所谓公众的意见至好也不过是某些人关于他人的善恶祸福的意见;甚至往往连这个都不是,而不过是公众以完完全全的漠不关心掠过他们所非难的对象的快乐或便利而专去考虑他们自己欢喜怎样和不欢喜怎样罢了。有很多人把他们所厌恶的任何行为看作对自己的一种伤害,愤恨它好像它对于他们的情感是一种暴行。我们常看到,当一个宗教执迷者被责为蔑视他人的宗教情感时,他总是反唇相讥说,正是他人坚持其可恶的崇拜或信条而蔑视了他的宗教情感。一个人坚持其意见的情感和另一个人因他坚持那个意见而感到触怒的情感,这双方之间是毫无相似之处的,正和窃贼想偷取一个钱袋而物主想保持那个钱袋这两种欲望毫无相似之处一样。一个人的趣味嗜好同他的意见或钱袋一样,同样是特别关于个人自己的事情。任何人都容易想象一个理想的公众,在一切未定的事情上概不过问个人的自由与选择,只不过要求他们戒免那些早为普遍经验所禁止的行为方式。但是,在什么地方曾看到公众在其检查任务上划定过这样一个限度呢?公众又在什么时候曾操心到所谓普遍经验呢?实际上,公众在干涉私人行为时很少想到别的什么,只不过想到凡不同于它自己的做法或想法是怎样罪大恶极罢了;而这个判断标准,经过薄薄的一道化装,又由90%的道德家和思辨作家当作宗教和哲学的诏谕交给人类。他们教导说,事物因为它们是对的所以是对的;因为我们感到它们是这样的。他们告诉我们，要在我们自己的脑中和心中搜寻行为的法则来束缚我们自己并束缚一切他人。这样，可怜的公众还能怎么办呢？只有把这些教诲应用起来，把他们自己私人的善恶之感，假如他们之间是相当一致的话，作为义务性的东西加诸整个世界了。

这里所指出的祸害并非仅仅存在于理论中的祸害。或许可以指望我在这里特举一些事例来说明这个时代和这个国度的公众怎样不恰当地把道德法则的性质强赋予它自己所择取的东西。我不是在专写一篇关于当前道德情感的错乱的论文；而这样一个分量很重的题目显然又不能以插句表明的方式和例证的办法来加以讨论。但是为着表明我所主张的原则确实具有严肃的实际的重要性，而我并不是在防御假想的灾祸，举些实例还是必要的。不难以丰富的事例表明，扩展所谓道德警察的界限不到侵及最无疑义的个人合法自由不止，这乃是整个人类最普遍的自然倾向之一。

作为第一个事例，让我们想一想人们在看到他人的宗教意见与自己的不同、不奉行自己的宗教仪式、特别是不遵守自己的宗教饮食戒律的时候怀有怎样的反感。且引述一个可称琐细的例子。在基督徒的信条和行事中足以招惹回教徒的大恨的莫过于吃猪肉这件事。在基督徒和欧洲人方面，很少有什么行动惹起他们这等朴实无饰的唾弃，像回教徒对待这个解饿的特定方式那样。首先，这当然是对他们的宗教的一个触犯；但这一点绝不足以解释他们这种嫌恶的程度和种类，因为酒也是他们的宗教所禁止的，谁若参加饮酒会被全体回教徒指为错误，可是却不像那样厌恶。他们对于这“不洁之兽”的肉的厌恶实具有颇像一种本能反感的特殊性质，这不洁的观念一经彻底浸入情感之中，就会不断激动着甚至个人习惯绝不拘泥于洁净的人们,像印度多神教徒那样强烈表现出的宗教性的不纯的情操就是这种本能反感的一个显例。现在让我们设想,有一族人民,其中以回教徒为多数,这多数于是就坚持在本国境内禁吃猪肉;这在回教国当中并不是什么新奇的事。[①] 试问,这能不能说是公众意见的道德权威的合法运用呢?如果不是,为什么不是?这个吃法对那样的公众说来实实在在是悖逆的。他们也的确真诚地认为这是上帝所禁所恶的。但也不能把这个禁令当作宗教迫害来谴责。它在起源上也许是宗教性的,但不能说是对宗教的迫害,因为并没有一个人的宗教规定以吃猪肉为义务。这样看来,谴责它的唯一站得住的根据还是,对于个人的趣味嗜好和只关己身的事情,公众是无须干涉的。

再看看距离家门较近的一个事例:在西班牙,若有人不照天主教的样式来崇拜那至高存在,多数人就认为是重大的不敬,就认为是对他的最高度的触犯;而且在那里也没有其他公开崇拜是合法的。在全部南欧洲,一个结婚的教士在人们看来不仅是亵渎宗教,而且是淫荡逾闲、不成体统、粗野鄙俚、令人嫌恶。新教徒们对于这些完全真诚的情感以及使用这些情感来反对非天主教的尝试又

---

① 在这一点上,可举流居孟买(Bombay)的巴锡族(Parsee)的情况作为一个古怪的事例。巴锡族是波斯拜火教徒的后裔,是一个吃苦耐劳又富有进取精神的部落。当他们为逃避"开利发"(caliph,是继承穆罕默德在政治上和宗教上的统治者的称号——译者)的统治离开祖国而跑到西印度时,印度的当局对他们宽容,许他们居住下来,条件是不许吃牛肉。后来那些地区落到回教徒征服者的统治之下,巴锡族又从他们手里继续得到恩遇,条件是戒食猪肉。开头是为服从权威而遵守的戒律后来竟变成第二天性,巴锡族至今还既戒食牛肉又戒食猪肉。这样的双重戒律虽非他们的宗教所要求,但积久却变成他们部落的习俗;而习俗在东方就等于宗教。

是怎样想呢？如果说人类有理由应当在无关他人利害的事情上干涉彼此的自由，那么根据什么原则来排除这类情事而不致陷于自相矛盾呢？谁又还能因为人们要压制他们认为在上帝和人看来是败坏名誉的事情而去责难他们呢？在禁止什么被认为私人不道德的事方面最厉害的情事莫过于这样做是为了某些人心目中认为邪恶而加以压制；除非我们愿意采取迫害者的逻辑，说我们可以迫害他人因为我们对而他们不能迫害我们因为他们错，我们就必须小心留意，不要承认一条应用到我们自己身上时就要会认为是十分不公正而引起愤慨的原则。

前面举的几个事例，还有人可以强词夺理地反驳说，那些都是在我们这里不大可能的或有之事；在我国，舆论大概还不至要实施肉食的戒律，还不至因见人们依照其信条或意向有所崇拜以及结婚或不结婚而要实行干涉。但下面还有一个干涉自由的例子，可绝不能说我们已过其危险期了。不论在哪里，例如在新英格兰以及在共和时代的大不列颠，只要清教徒具有足够的势力，他们都曾力图——而且也有不小的成功——取消一切公众的以及几乎一切私人的娱乐，特别是音乐、跳舞、公共游戏，或者其他以消遣为目的的聚会，以及演剧。就是现在在我国，也还有不少很大的团体，照他们的道德观念和宗教观念说来这些娱乐消遣都是应予谴责的；具有这种情操的这一批人主要属于中等阶级，而这在王国目前的社会情况和政治情况下正是占上风的势力，所以他们绝不是不可能早晚有一天在议会中掌握到多数。现在试想，群体中的其余部分怎么会愿意让自己快要到手的娱乐又受到一批加料的嘉尔文主义者和监理会教徒的宗教情操和道德情操的限制呢？他们难道不

要以相当坚定的态度叫这批敬神而近于冒昧的社会成员想想他们自己的事务吗？实在，人们如遇任何政府或公众僭称不许有人享受它所认为不对的快乐，都恰正会说这句话。但如果承认了它所据以肆行僭越的原则，那就没有理由还能反对它在国内多数人或者其他优势力量的情绪中受到影响；而如果类似新英格兰早期定居者所抱的一种宗教信仰竟有一天能像所谓衰落中的宗教往往做到的那样成功地恢复了它所失去的阵地，那么，我们大家就只好准备接受一个如他们所理解的基督教国家的观念。

再想象一桩或有的事情，或许比刚才说的那一件更会变成现实。近代世界中明白地有一种颇为强烈的趋势，倾向于社会的民主组织，不论是否有民众的政治制度。有人肯定说，在这个趋势实现得最称完备即社会和政府二者都最称民主的国度——美国，多数人怀有一种情绪，看见有人过着自己没有希望赛过的铺张讲究的生活就觉得讨厌，这种情绪竟颇像一条有效的关于费用开支的法律在起着作用，使得在合众国中许多地方一个拥有很大收入的人竟难想出一个要花掉这笔收入而不致引起公众非难的方式。虽然这类说法作为现存事实的表述来看无疑有很多夸大之处，但就这种民主情绪并结合到认定公众有权否定个人用钱方式这一观念来看，他们所描画的事态确已不止是可以意想的和可能的结果，而且也是竟许会有的结果。我们还可以进一步想想社会主义者的意见如果已有相当的传布，拥有不止很小的财产或者不是靠双手劳动挣得收入这件事就会在大多数人心目中变得甚不名誉。原则上与这些意见相同的意见已经在技工阶级中广泛得势，并且对于那些主要地服从那个阶级的意见的人们也就是本阶级的成员们发生重大的影响。大家知道，在工业许多部门的操作中构成多数的坏工人都坚决主张，坏工人应当和好工人得到一样的工资；无论采取计件制也好，或者采取他种办法也好，都不应当允许有谁以较高技巧或辛勤努力挣得多于那些既无技巧也不努力的人们所能挣得的工资。他们并且使用一种道德的警察力量，间或也变成一种物质的警察力量，去阻止有技巧的工人和使用他们的雇主，不得因较有用的服务而受授较大的酬金。如果公众对于私事应当有什么管辖权的话，那我就看不出这些人还有什么不对；而某一个人的特有公众要对他的个人行为行使一般公众所行使于一般人们的同一权威时，我也就看不出怎样还能去责难它。

再进一步，我们不必细论那些假设的事情，我们还可以看一看，即在我们自己的今天，就有一些对于私人生活自由的重大侵占已在实际实行着；还有一些更重大的侵占带有颇能成功的指望正在威胁着；还有一些意见已经建议出来，不仅主张公众要有无限权利用法律来禁止一切它所认为错误的事情，而且为了不要漏掉它所认为错误的事情，也要禁止一切它所认为无辜的事情。

在防止纵饮烈酒的名义之下，一个英属殖民地的人民和差不多半个合众国的人民已经遭到法律的禁止，除为医疗目的外，不得使用任何经过发酵的饮料；禁止发售酒类事实上就是，如他们所意想的，禁止使用酒类。虽然这个法律之窒碍难行已使有些采用过它的省份，其中还包括这个法律所因以命名的那个省份，不得不重予废止，可是我们这里仍然有人努力发动，并且还有许多自命为慈善家者以颇大的热情加以推进，要在我国也鼓动出一个同样的法律。为此目的而组织的协会，或如它自称的“联盟”，已因公开了一份来往信件而获得一些名声——这信件是联盟书记与那为数极少的主张政治家的意见应当根据原则的英国公众人物之一的通讯。史丹雷勋爵(Lord Stanley)之参加这次通讯,估计会增强那些深知像他在某些公开状态中所显出的一些品质竟不幸出于政治生活中头面人物之身是怎样稀罕难得的人们已经寄托在他身上的希望。联盟的机关据称"深以承认任何可被曲解来替执迷和迫害作辩解的原则为可悲",于是就着手指出协会的原则与那种原则之间的"一条不可逾越的鸿沟"。他说,"我看,凡关于思想、意见、良心的问题,都在立法范围之外;凡属于社会行动、社会习惯、社会关系这些只应服从于国家所秉有而非个人所秉有的抉择权力的问题,则在立法范围之内"。这里却没有提到与二者都不相同的第三类,即并非社会的而系个人的行动和习惯,虽然饮用发酵饮料的行动无疑正是属于这一类。售卖发酵饮料是贸易,而贸易则是社会行动。可是这里所控诉的不是侵犯了售卖者的自由而是侵犯了购买者和消费者的自由,因为国家故意使他无从得到酒就正是禁他饮酒。但是这位书记先生说,"作为一个公民,只要有人以社会行动侵犯了我的社会权利,我就要求有权利用立法手段来限制他"。现在且看所谓"社会权利"的定义又是什么。"假如说有什么事侵犯了我的社会权利,那么出售烈性饮料无疑就是这种事。这事破坏了我首要的安全权利,因为它经常制造和促进社会紊乱。这事侵犯了我的平等权利,因为它从制造穷困中博取利润,而这穷困却要由我纳税来资助。这事还妨害了我的道德和智力自由发展的权利,因为它在我的道路四周布满了危险,因为它削弱了社会力量和败坏了社会道德,而这社会正是我有权利向它要求互助和交往的"。请看这样一套“社会权利”的理论——与它相似的理论以前大概还没有在语言文字上表现得这样清楚的呢——其内容不外是说：每个个人都具有绝对的社会权利要另外的每一个人在每一方面都做得像他所当做的一模一样；不论是谁只要在最小的细节上于此稍有所失，就算破坏了我的社会权利，我因而就有权向立法机关要求解除这种不平之苦。这样一条怪异的原则实在比任何一桩干涉自由的个别行动都要危险得多：它把每一桩破坏自由的行动都释为正当；它不承认有权利要求任何一点自由，只有暗持意见永不宣布的自由或许可以除外，因为凡属我认为有害的意见一出于任何人之口，就侵犯了联盟所赋予我的一切“社会权利”。这个教义又无异于派定全体人类彼此之间都秉有一种相互关切，每人对于他人都是要求者，每人都要以自己的标准去规定他人道德上的、智力上的以及甚至躯体上的完善。

非法干涉个人合法自由的另一重要事例是关于历行安息日制度的立法，这已不是仅在威胁中的干涉，而是久已见诸实行并且取得胜利结果的了。毫无疑义，只要生活急务许可，要在每周中有一天摒绝日常业务，这确不失为一种高度有益的习俗，虽然除犹太人外还未当作宗教义务来束缚任何人。并且，由于这个习俗若不在工业阶级间取得普遍赞同就不能得到遵守，所以在有些人一工作就会迫使他人也必得工作的情况下，法律为着对每人保证他人也遵守这个习俗，就规定较大的工业活动在特定的一日停工一天，这也是可以的，而且也是对的。但是这个理由系以他人直接关心每人是否遵守这一习惯为根据，所以若应用于个人可以自愿使用其休假时间的自由职业就有所不合。至于要用法律来限制娱乐，那更是在最小程度上也说不过去的了。不错,某些人一天的娱乐就是另外一些人一天的工作;但是,多数人的快乐——且不说这又是很有用的休养苏息——也就值得少数人为之劳动,只要这职业是自由选择也是能够自由放弃的话。厂工们会想,假如大家都在星期日工作,就等于必须做七天的工作而得六天的工资,这完全是对的;但是既然大量的服役已经停止,那些为着他人享乐而仍须工作的少数人所挣收入就可按比例得到增加;而且他们也不是有义务必须从事那些职业,假如他们宁愿休假而不愿领得补贴的话。如果还要找进一步的补救办法,也可以由习俗为那些工作特殊的人在一周中另定一天为假日。这样看来,要为在星期日限制娱乐这事作辩护,唯一的根据只能是说那娱乐在宗教上为错误;而这样一个立法动机正是无论怎样予以抗议都不嫌过于认真的。这真是所谓"关心上帝倒成为对上帝的伤害了"。要对在我们人类并无伤害而假定对全能上帝有所触犯的事情施以报复,乃是社会或其任何职员受之自上的一个使命,这一点还有待于证明。认定每人有义务使他人信奉宗教,这个观念正是历来一切宗教迫害的基础,承认了它,就充分证明宗教迫害为正当。现在有人一再力图在星期日停止火车旅行,有人一再抗拒在星期日开放博物馆,还有诸如此类的事;此中所迸发的情感虽没有旧时迫害者的残忍性,但所表示出来的心理状态则基本上是一样的。这就是决心不容他人做他们的宗教所许可的事,只因它不是迫害者的宗教所许可的事。这也是深信上帝不仅憎恶信仰有误的人的行动,而且认为我们不予阻挠也就不能免于罪戾。

在上文所举那些一般轻视人类自由的事例之外,我不禁还要加述一种干脆迫害的言论，这种言论是我国报章杂志上每当感到要去注意摩门教主义（Mormonism）的可注意的现象时就迸发出来的。这是一桩出乎意料也颇有教益的事实，有一种明言直陈的新启示和建立在它上面的一个宗教，纯系出于显而易见的欺骗，甚至连创始人也没有什么非常品质足立“威望”而作支柱，居然在今天这个报纸、铁路以及电报的时代里竟为千百万人所信仰，并且成为一个会社的基础；关于这可说的很多。我们这里所关心的是，这个宗教像其他的和更好的宗教一样，也有其殉教者；它的先知兼创始人竟为其教义之故而被一群暴民处死；它的其他许多附从者也遭到同样无法无天的强暴而送掉性命；他们集体地被强行驱逐出作为他们成长之地的祖国之外；而现在，在他们已被驱入沙漠当中的荒凉巢穴之后，我们国内还有许多人公开宣布应当（不过不方便）派遣一支远征军去对付他们，去用武力强使他们与他人的意见归于一致。摩门教主义之所以激起这种冲破宗教宽容的通常约束而迸发出来的强烈反感，主要是因为它在条款中认可了一夫多妻制；这个婚姻制度虽为回教徒、印度人以及中国人所允许，但在使用英国语言和自认为基督教徒的人们行来则会激起不能压熄的深恶痛绝。说到摩门教的这个制度，没有人会比我对它有更深的不谅的了；除因为其他缘故外，还因为它远非自由原则所能赞许，是对于自由原则的直接破坏，因为它不过是把群体中一半人身上的枷锁扣紧钉牢，而把另一半人从他们对于那一半人的相互义务中解放出来。可是我们仍须记住，这种关系也和任何其他形式的婚姻制度下的关系一样，是有关的可能为它所苦的女人一方面的自愿的事；并且不论这事实看来怎样可怪，它到底在世人的普通观念

和习俗中有其解释，那就是说，世人既教导女人把结婚看作一件必要的事，那便不难理解许多女人就会宁愿为诸妻之一，聊胜于不得为妻。对于其他国家，当然不必要求它们也承认这种结合，或者在摩门教的意见方面解除部分居民遵守本国的法律的义务。但是，当这些倡导者已经在他人的敌对情操面前作了远远超过所能合理要求于他们的让步；当他们已经离开了与他们的教义不能相容的国土而在大地上一个遥远角落首辟一块人类可以居住的地方并把自己安置下来之后；我就实在难于看出，人们除根据暴虐原则外还能根据什么原则去阻挡他们在自己所欢喜的法律之下在那里居住下去，只要他们既不侵略其他国族，又允许凡不满意于他们的办法的人都有离开那里的完全自由。新近有一位作家，并且还是一位在某些方面颇有名声的作家，建议（用他自己的字眼）不用十字军而用一个"文明军"去对付这个多妻制的群体，去结束掉在他看来是文明中的倒退。这在我看来也是倒退，但是我理会不到任何群体会有权利去强使另一个群体文明化。只要坏法律下的受难者一天不向别的群体乞求援助，我就一天不能承认与他们完全无关的人们应当插足进去，应当只因远在数千里之外的、无关涉的人们认为足致诽谤就要求把全体直接有关的人看来都感满意的事态强予结束。他们可以，假如他们高兴，派遣传教士前去用说教的办法反对它；他们也可以用任何公平的手段（压制宣教者不得开口则不是一个公平的手段）去反对相同的教义在本国人民间有所进展。如果还在野蛮称霸世界的时候文明就能战胜野蛮，而在野蛮已被相当压服之后反倒自认害怕野蛮会复活起来征服文明，那是没有必要的。一种文明如果竟能这样见折于自己已经征服的敌人，那必是它本身先已变得如此退化堕落，以致无论它的指定牧师和宣教者或者一切其他的人都已没有能力或者不愿自找麻烦去为它而挺身奋斗。假如真是这样，那么这种文明就该接受停止前进的通知，愈早愈好。它再走下去，也只是从坏走到更坏，直到被富有精力的野蛮人破坏净尽然后再生（像西方帝国那样）为止。

第五章　本书教义的应用

必须首先较一般地承认前文所陈各项原则作为讨论细节的基础,然后再图把它们应用于政府方面和道德方面的一切不同部门才能期其有益。这里在细节问题上所作的几点评议,只是打算作为上述原则的示例,而不是要就着那些细节问题本身追出什么结论。我所提供的,与其说是若干应用,毋宁说是怎样应用的标本;这对于合成本文全部教义的两条格言说来,既有助于把它们的意义和界限弄得更加明白,也能在遇到某某情事不易断定应用哪一条的时候帮助人们的判断就两者之间持平端稳。

两条格言是:第一,个人的行动只要不涉及自身以外什么人的利害,个人就不必向社会负责交代。他人若为着自己的好处而认为有必要时,可以对他忠告、指教、劝说以至远而避之,这些就是社会要对他的行为表示不喜或非难时所仅能采取的正当步骤。第二,关于对他人利益有害的行动,个人则应当负责交代,并且还应当承受或是社会的或是法律的惩罚,假如社会的意见认为需要用这种或那种惩罚来保护它自己的话。

首先要指出,我们绝不可假定,由于对他人利益的伤害或者可能伤害这一点单独就能构成社会干涉的正当理由,所以没有什么时候不能把这种干涉解释成为正当。在许多情事中,个人在追求一个合法目标时，必不可免地因而也就合法地要引起他人的痛苦或损失，或者截去他人有理由希望得到的好处。这种个人之间的利益冲突，往往发生于坏的社会制度，只要那制度存在一天就一天无法避免；但还有一些则是在不论什么制度之下也不可避免的。譬如说，谁在一个人浮于事的职业上或在一次大家竞试的考选中取得了成功，谁在竞取一个共同要求的对象中超越他人而得中选，他就不免从他人的损失中，从他人的白费努力和失望中，收获到利益。但是大家普遍都承认，为着人类的普遍利益，还以听任人们就以这种结果去追求他们的目标而不加以阻止为较好。换句话说，社会对于那些失望的竞争者，并不承认他们在法律方面或道德方面享有免除这类痛苦的权利；社会也不感到有使命要予以干涉，只有在成功者使用了不能为普遍利益所容许的方法如欺诈、背信和强力等方法的时候才是例外。

再看，贸易乃是一种社会行动。谁只要从事于向公众出售不论什么样的货物，谁就做了对他人的利益和社会一般的利益有影响的事，因而他的行为在原则上也就进入社会管辖的范围。正因为这样，所以一度曾有人主张，政府有义务在所有被认为重要的情事上限定商品价格并规定制造程序。但是现在，经过一段长期斗争之后，大家才认识到，要做到价廉而物美，最有效的办法还是让生产者和销售者都完全自由，而以购买者可以随意到处选购的同等自由作为对他们的唯一制约。这就是所谓自由贸易的教义；这教义和本文所主张的个人自由的原则是建立在各不相同但同等坚实的根据上的。对贸易的限制以及对以贸易为目的的生产的限制诚然都是拘束，而凡是拘束，正因它是拘束，就必是罪恶；但是该项拘束只是专对那部分应由社会予以拘束的行为发生影响，若说有错，只是因为它们并没有真正产生有待它们产生的结果。既然个人自由的原则并无涉于自由贸易的教义，所以这原则也无涉于大多数有关那个教义的限制的问题：例如要防止借掺杂办法进行欺诈的行为可以允许公众有多少控制，又如工厂中的卫生预防措施或危险作业工人的保护办法可以强使厂主实行到什么程度等问题。这类问题若说是涉及自由问题，那也只能说到，在其他条件相等的情况下，听凭人们自己去总比对他们加以控制好一些。至于为着那些目的而要对人们有所控制，这在原则上谁也不能否认其为合法。另一方面，也有一些干涉贸易的问题在本质上就是自由问题，像上文刚刚提到的梅恩省禁酒法，像禁止对中国输入鸦片，像禁止出售毒药，总之，凡目标在于使人们不可能得到或难于得到某一货物的干涉都属于这一类。这类干涉可以反对之处，不在它们侵犯了生产者或销售者的自由，而在它们侵犯了购买者的自由。

在上面的几个例子当中，限制出售毒药一事又引出一个新的问题，就是所谓警察职能的恰当限度的问题，也就是要问，为防止犯罪或事故可以侵犯自由到什么程度而不失为合法。无疑，政府的不容争辩的职能之一是采取步骤以防止犯罪于未发之前，正如它要侦查和惩罚犯罪于既成之后。但是，这种预防性职能比惩罚性职能远远更易妄被滥用以致伤及自由，因为人们行动的合法自由几乎没有任何一处不容被表述为而且被公平地表述为增加了这样或那样过失的便利条件。可是，一个公共权威或者甚至一个私人如果看到有人显然在准备进行一项犯罪，他们并非只可坐视罪行做成，而是可以干涉防止。假如毒药的购买或使用是除为犯谋杀罪行外便无其他目的，那么禁止它的制造和销售就是合法的。可是，人们之需要毒药还可以不仅为了无辜的目的而且为了有用的目的，而限制则不能施加于那方面的情事而无碍于这方面的情事。再看，防止事故也是公共权威分所当有的职司。不论是一位公务人员或者是任何一个人，如果看见有人要走上一座已经确知不保安全的桥梁，而又来不及警告他这个危险，他们可以将他抓回，这不算真侵犯了他的自由；因为自由在于一个人做他所要做的事，而这个人并不要掉在河里。可是，有时一个祸患还没有确实性而只有危险性，除本人自己外便没有人能够判断他的动机是否足够促使他冒险一试，在这种情事中，我想人们对他（除非他是一个小孩，或者是一时神经错乱，或者是正处在不适于充分使用思考官能的精神兴奋或心有专注的状态之中）只应当发出危险警告，而不应当以强力阻止他去涉险。与此相类似的考虑若应用于像出售毒药那种问题，也使我们能够就一些可能的规限方式中判定哪一种方式是不是违反自由原则。举例来说，如药品用一些字句贴签标明其危险性质，这类预防方法就大可实行而不致违犯自由，因为购买者绝不会不愿意知道他所保有的东西具有毒质。但若不分情事而一律要求有开业医师的证件，那就使得需要此种药品作合法用途的人们不免多有破费，而且有时还不可能得到这种药品。据我所见，若要既可以在使用毒药进行犯罪的途径上布下层层困难，又不致侵犯甚至还照顾到他人需要毒物以作正当用途的自由，唯一的方法只有创备如边沁（Bentham）用恰当字句所说的“预设的证据”。这种办法在订定契约中是每人都习见熟知的。当双方要成立契约关系时，法律通常有一个合法而正当的要求，就是，作为这

一行为生效的条件，必须遵行某些形式的手续，如当事人的签名盖章，见证人的证实，以及诸如此类的事；这是为了事后如果发生争执，便有证据可以证明这契约关系确已成立，并没有什么情况足使它在法律上归于无效；其作用则在使得订定假契约的事情遭到巨大障碍，也使得契约难于在倘若被人知道则足以破坏其有效性质的情况下成立起来。类乎这种性质的预防步骤，在出售适于用作犯罪工具的物品的问题上也可以实行。譬如说，可以要卖主进行售货登记，载明这项买卖的准确时间、买主的姓名和住址以及售出货物的准确质量和数量；还可以要他问明买主的使用目的，并把所得答复记录下来。在没有医师处方的时候，还可以要求有第三者出来认定这项购买之事确属某某所为，以备事后遇到有理由可以相信这个物品系用于犯罪目的的时候能够加以指证。像这类规限办法，对于物品之购得一般不致成为实质的障碍，但对于逃避侦查而作不正当的使用者则是很大的实质障碍。

社会既有其固有的权利可以借事先预防的办法来排除对于它的犯罪，这就对我的第一条格言提示了明显的界限，这就是说，对于纯关个人自身的错误行为也有可以通过防止或惩罚的途径而加以正当干涉之道。例如喝醉酒这件事，通常不能成为法律干涉的恰当问题；但是若有人曾在酒力影响下对他人横加强暴以致一度定有罪名，这时法律便要单独对他加以特殊的限制；使他知道倘以后再被查到有喝醉之事将不能免于受罚，而且假如他再因喝醉而又一次犯罪，处罚还要加重；这样做法我认为是完全合法的。一个喝醉就要伤人的人而让自己喝醉，这就是对于他人的罪行。同样再说到懒惰，受有公众津贴的人除外，因懒惰而构成背毁契约的事除外，这也不能作为法律惩罚的问题而不失于暴虐；但是若有人由于懒惰的缘故或者由于其他可以避免的缘故以致不能履行其对于他人的法律义务，例如抚养子女的义务，那就可以强迫他去履行那个义务，在没有其他办法可用的时候甚至可用强制劳动的办法，这不算暴虐。

再看，还有许多行动，其直接损害只及于本人自身，因而不应当遭到法律的禁止，但若公开做出来会破坏良好的风气，因而又可以划入犯及他人的范畴，予以禁止，是不失为正当的。凡所谓有伤体统的行动都属于这一类。这一点，没有必要加以深究，毋宁说和我们的题目并非直接相连，因为有许多本身丝毫无可谴责也无人以为可加谴责的行动也是同样强烈地与公开性相违的。

另有一个问题，必须求得与已定原则相一致的解答。有些私人行为，说来不无可加责难之处，但由于直接结出的恶果完全只落到本人自身，为尊重自由起见，社会就不宜予以防止或惩罚；在这种情事中，本人可以自由去做的事，他人是否也同样可以自由去劝促或教唆呢？这个问题倒不免有些困难。一个人敦促另一个人作某一行动，这严格说来不能算是只关自身的行为。对他人提出劝告或者给以诱导，这是一种社会行动，因此像一般对他人发生影响的行动一样，可以认为应归社会控制。但是稍加深思则又纠正前一感想，因为这个情事严格说来固然不在个人自由的界说之内，可是个人自由的原则所根据的种种理由却仍可适用于它。假如说，必须允许人们在只关他们自己的事情上，在他们自己承当风险的条件下，采取他们自己所认为最好的行动，那么，也必须允许他们有同样的自由去相互商量宜做何事，去彼此交换意见，去相互提出和接受彼此的提议。凡是允许做的事,必须也允许劝做。这个问题唯一尚有疑义之处,只在教唆者要从他的敦劝中取得个人自己的利益,只在他以此为博得豢养或金钱收入的职业,而促进社会和国家所认为是祸害的事情。说到这里,的确又给问题的复杂性引进了一个新的因素,就是说,社会上存在着这样一些阶层的人,其利益是与公共安宁相反对,其生活方法是靠与公共安宁相反的活动。这应当加以干涉,还是不应当加以干涉呢?举例来说,通奸是必当被容忍的,赌博也是一样;但是否也应当让一个人有自由去做一个蓄妓的老鸨,或者开设一座赌场呢?这个情事正是那些恰恰站在两条原则分界线上的情事之一,不容易一下子就看清应当归于两条中的哪一条。双方各有其论据。主张宽容的一方说,以某种事情作为职业借以谋取生活或利益,这一事实本身并不能把那桩若不作为职业便可允许去做的事情变成有罪;他们说,对于一个行动,应当不是一贯予以许可就是一贯加以禁止;他们说,假如我们所一直加以辩护的原则是真确的,那么社会,正因其为社会,对于一切只关个人的事情就没有任务去判定其为错误;这事总不能超出劝止的限度,而既然一个人有劝止的自由,那么另一个人也就同样有劝行的自由。与此相反的一方则争辩说,虽然公众或国家没有资格为着压制或惩罚的目的而就这种或那种仅只影响个人利益的行为以权威的地位来判定它是好是坏,但是它们却有充分理由来假定他们所认为坏的那个行为究竟坏不坏至少还是一个可以争论的问题。这一点既经设定,于是他们又说,所以公众或国家若力图排除那些绝非一无所图的敦劝的影响,力图排除那些绝不可能公正无私的教唆者的影响——那些教唆者都在一个方面有其个人的直接利益，而那个方面正是国家所深信为错误的一个方面，并且他们又公然是只为个人自己的目标而促进那个方面——便绝不能算是做得不对。他们力言，要把事情安排得让人们都在自己的敦促之下无论是聪明地或者是愚蠢地作出他们的选择，尽可能脱开那些为着个人别有企图的目的而引动他们的意向的人们的计谋，这确定不会有什么损失，确定不会牺牲掉任何一点好处。因此，他们说，虽然有关非法游戏的成文律是绝无可加辩护之余地，虽然一切的人都有自由在自己的或彼此的家里赌博，或者甚至在他们自己捐资设立、只对会员及其访客开放的任何聚会场所里赌博，但是公共的赌场还是应当不被许可。他们还说，不错，这个禁令永远也不会有效，不论把多少暴虐的权力付与警察，赌场也能够在其他伪装下维持其存在；但是，这究竟可以迫使它们把它们的活动做得有某种程度的秘密性和神秘性，使得除掉专要寻找它们的人而外就没有人还能知道它们的任何消息；而且更进一步说，社会也不应当注目于它。我认为，这一方面的这些论据也有其相当可观的力量。不过这等于承认了要惩罚辅助的罪犯而让（并且一定要让）主要的罪犯逍遥法外，要以罚锾或监禁来处治妓院老板而不处治嫖客，处治赌场老板而不处治赌徒；至于这些论据是否足能把这种道德上的反常之事解释成为正当有理，我还不想冒然予以判定。至于要以类似的根据来干涉普通一般的买卖活动，那就更不对了。几乎每一件买进卖出的物品都可以使用逾分，而售卖者正是在鼓励这种逾分使用上有其金钱的利益；尽管如此，但是没有人能够以此为根据，譬如说，来为梅恩省禁酒法作什么有利的论证；因为尽管那类销售强烈饮料的商贩是以它们的逾分滥用为牟利之

道，但是在它们的合法使用方面究竟还是不可缺少的。可是，那些商贩之利于促进纵饮烈酒倒是一桩真正的祸害，这就使得国家有理由来对他们加以限制并要求保证；但要知道，这种做法只因系为那个正当理由才不算是对于合法自由的侵犯。

进一步还有一个问题：国家对于它所认为违反当事人的最好利益的事情，在予以许可的同时是否仍应给以某种间接的打击；仍以酗酒这事为具体例子来说，国家对此是否应当采取步骤使得喝酒的费用更加昂贵一些，或者借限制酒店数目的办法使得买酒更加困难一些。关于这个问题，和关于大多数其他实际问题一样，必须予以分别讨论。说到纯为使人们更难购得兴奋饮料而采取征税的办法，这和完全禁止那种饮料仅有程度上的区别，因而只有在后者可释为正当时才可释为正当。某项事物的费用的每一增加，对于财力不及已增涨的物价的人们说来实际就是禁止使用；对于那些财力能及的人们说来则是对其特殊嗜好的餍足施加的一项罚款。按自由原则来看，人们在履行了他们对于国家和个人的法律义务和道德义务之后，怎样选择快乐，怎样花用进款，这些都是他们自己的事，必须取决于他们自己的判断。这些说法，初看像是对于国家为着国库收入而选择兴奋饮料为征税特别对象的办法有所非难。但是必须记住，为着财政上的目的而征税，这乃是绝对不可避免的事；而在大多数的国度里，相当大的一部分税收又必然会是间接税；因此，国家就不免要在某些消费品的使用上科以所谓罚款，而这对于某些人说来可能是禁用的性质。惟其如此，所以国家也就负有一种义务，在规定征税时要考虑到什么货物是消费者最能省掉不用的货物，当然还有充分理由要优先选定那种如果使用

超过极其有限的数量就会产生十分有害作用的物品。这样说来，对兴奋饮料征税达到足以构成国库收入中的最大数目（假定国家需要这全部收入），这不仅是可以允许的，而且是应当赞成的。

至于说到要把这类货物的承销做成多少带有排他性质的特权，这问题则要看实施限制所有助于的目的而作不同的解答。一般说来，凡是公众常聚的场所都需要警察的约束，而这类地方更是特别需要，因为一些扰害社会的事情特别易于在这类地方发生。因此，可以限定把这类货物的销售权（至少是当场消费的那一类）只给予一些众所周知或者共可保证的行为可敬的人们；还可以就营业启闭钟点作些规限，务使公众易于监视；若有因店主的纵容或无能而屡屡发生破坏安宁事故的情形，或者若有把店铺变成制造和准备犯法事件的秘密会所的情形，还可以撤销它的营业执照——这些限制办法都是适当的。至于任何更进一步的限制，在我想来，可就不能在原则上说是正当的了。譬如说，显然为了要使人们更难得到啤酒和酒精并减少这种诱惑场合而限制啤酒店和酒精店的数目，这等于只因有些人会滥用方便而使大家都陷于不方便。不仅如此，这种办法根本只配合于另一种社会情况，就是公然把劳动阶级当作小孩子或野蛮人来对待，借约束来对他们进行教育，俾使他们能适于将来许给他们的自由的特权。至于在任何自由的国度里，这绝不是公然承认的管治劳动阶级的原则。并且，凡是对于自由能作正当评价的人，谁也不会愿意承受这样的管治，除非经过竭尽一切努力来教育他们自由并把他们当作自由人来管治之后终于确定地证明他们是只能当作小孩子来管治。只要光把这两种非此即彼的情况陈述一下就足以表明，谁若以为我们曾在任

何情事上作过这种培养自由能力的努力而必须在这里受到考虑，那简直是荒诞之谈了。在我们的国度里，只因许多制度乃是一大堆矛盾，所以一方面既有许多属于专制政府或所谓世袭政府体系的东西混入我们的日常行事之中，同时另一方面我们制度中的一般自由又阻碍着我们在借约束来进行真正有效的道德教育上不能运用必要数量的控制。

本书前部中已经指出，所谓在只关个人的事情上的个人自由，其含义中也相应地包括着若干个人在只关他们而不关他人的共同事情上经相互同意来共同规定的自由。这个问题，只要参加者各人的意志始终不变，就不出现什么困难；但是由于意志是会变的，所以即使在只关他们自己的事情上，彼此间也往往有必要成立一个定约；而当他们这样做了之后，照一般规律来说，就宜遵守那个定约。可是或许在每个国度的法律中，这个一般规律也有某些例外。不仅不责成人们遵守那种违犯第三方面的权利的定约，就是某种定约有害于双方自己时，这有时也足可成为叫他们解除那个定约的充分理由。例如，在我国和大多数其他文明国度里，一个自己卖身为奴或者允许他人出卖己身为奴的定约在法律上是无效的、作废的，无论法律或舆论都不强其实行。这样限制一个人自愿处置其自己一生命运的权力，其根据是明显的，在这一极端的事例中尤其可以看得很清楚。原来所以除非为着他人之故便不许干涉一个人的自愿行动，其理由乃在考虑到他的自由。他的自愿选择正证明他所自愿选定的事物对他是可取的，或者至少是能忍受的；而最能助成他的好处的办法大体说来也是让他采取自己的追求方法。但是卖身为奴之举乃是放弃他的自由，乃是除此一举之外便

永远放弃使用任何自由。这样一来，他就在自己的举动中破坏了原来所以要让他自己处置自己的目的本身。他已经不再是自由的人，他从此以后便居于一种因系自愿留居其中就再也不会有什么有利推测的地位。自由原则不能要求一个人有不要自由的自由。一个人被允许割让他的自由，这不叫自由。这些理由，其力量既已在这一特殊情事中表现得如此显著，显然还可以应用于远为宽广的范围；可是它们也不免随处都要受到限制，因为生活上的种种必要不断地要求我们，固然不是要放弃我们的自由，但是要同意在这里或那里限制一些自由。不过，所谓当事人在只关他们自身的事情上应有不受控制的行动自由这条原则，仍需要让有定约拘束的双方在无关第三方面的事情上各能解除那个定约；甚至可以说，若不许有这种自愿解除恐怕就不会有什么契约或定约；只有关于金钱或金钱价值的问题是例外，那敢说是没有任何退约的自由的。罕波尔特在已见前文引用的那篇出色论文中陈述他的信念说，凡涉及私人关系或服务的定约，其法律上的拘束力绝不应超出有限的一段时间；他还提到这类定约中最重要的一种即婚姻关系，认为它的特点在于双方情感若有不谐则结合的目标即告消失，因而双方便唯有宣布要求解散之一途。这个题目说来可是比较重要也比较复杂，不能在一个插句中来加以讨论，我也只能谈到为说明问题所必要的程度。我想，如果罕波尔特这篇论文的简括性并没有使他在这一点上满足于只宣告结论而不讨论前提的话，那么他无疑会认识到这问题是不能用像他所限用的那样简单的根据来加以论定的。一个人，无论是通过诺言或者是通过行为，只要鼓励了另一个人信赖他会继续某种行动，对他发生了什么指望和打算，并把自

己的一部分生活计划建立在那个假定上面，那么他对那个人就负有一系列的新的道德义务，这种义务他可能决意弃却，但是不能忽略不理。至于再说到若因缔约双方之间的关系而对他人引起什么后果，而造成第三方面的某种特殊处境，或者甚至像在结婚关系中引起第三方面的存在，那么缔约双方对于那些第三方面的人又都不能不负有义务，而这种义务的履行或者至少履行方式，又必视缔约双方原有关系之继续或中断而大有影响。这并不等于说，我也不能那样承认，这些义务竟至要求缔约的一方无论怎样勉强也非牺牲一切幸福来履行契约不可；但无论如何这总是这个问题中必需考虑的因素；即使如罕波尔特所说不应当影响到双方法律上的解除定约的自由（我也主张不应当有多大的影响），也必然要大大影响到双方道德上的那种自由。一个人在决定采取一项对他人的利益有这样重大影响的步骤以前，有义务把这一切情况都列入考虑之内；如果他对那些利益不予以应有的重视，他就应当由于错误而负道德责任。我之所以作此浅显的评议，乃是为着更好地说明自由的一般原则，而不是由于在这一特定问题上有什么必要；关于这个问题，通常讨论起来总是相反地把孩子的利益视为一切而不着重大人的利益。

我在前面已经说过，由于缺少一种公认的普遍原则，以致人们往往在不应当给予自由的地方给予了自由，而在应当给予自由的地方又往往不给予自由。在近代欧洲的世界里，在一宗情事上人们抱有最强烈的自由情操，而在我看来是完全摆错了地方。就一个人来说，他对于自己的事情应当有自由欢喜怎样做就怎样做，但是不应当以他人的事情就是自己的事情为借口而同样自由地欢喜怎样就怎样代替他人来做。从国家方面来说，它一方面应当尊重每人在特关自己的事情上的个人自由，同时另一方面也有义务对它所允许每人施用于他人的权力保持一种注意的控制。可是在家庭关系问题上国家竟几乎完全忽视了它自己的这项义务，而这个家庭关系问题，就其对于人类幸福的直接影响来说，却正是比所有其他问题加在一起还要更为重要的一个问题。丈夫对于妻子享有几乎可称专制的权力，这就无需在此细说了，一则因为若要完全消除这个罪恶，最需要的事情莫过于让为妻者也享有和别人相同的权利，也和别人同样受到法律的保护；二则因为替这种既成的不公平现象作辩护的人们根本不是利用自由为借口，而是公然以权力拥护者的立场来说话的。说到在子女问题上误用自由的概念，这却真正成为国家履行其义务的一个障碍。人们在思想上几乎认定了谁的子女就实实在在是（而非从譬喻的意思说来是）谁的一部分，一见法律稍稍干涉到家长对于子女的不容外人过问的绝对控制，就表现出特别的关切和不安，甚至比当他们自己的行动自由受到干涉时还要厉害；人类对于自由的珍重一般总是远远不及对于权力的珍重的。就以教育这事为例来看。说国家对于生为公民的每一个人都应当要求并强迫他们受到一定程度的教育，这难道不几乎是一条自明的公理吗？可是试问有哪个人不害怕承认并主张这个真理呢？不错，并没有任何人否认，做父母的既经把一个人生在世上，就应当给他一种教育，使他一生对人对己都能很好地尽到他的本分，这乃是他们的（或者照现存的法律和习惯说，只是父亲的）最神圣的义务之一。但是，尽管大家都一致宣称做父亲的负有这个义务，可是一到听说要强迫他去履行这个义务时就没有人能

忍受了。人们不但不要求他作什么努力或牺牲去为孩子求得教育，就是有了免费的教育摆在面前，人们还听任他随便接受不接受呢？大家都还没有认识到，一个人只顾把孩子生育出来而没有不仅能喂养他的身体并且能把他的心灵教练好的相当预计，这对于那个不幸的后代以及整个的社会说来都是一种道德上的犯罪；大家也还没有认识到，如果做父母的不尽这项义务，国家就应当实行监督，务使这项义务尽可能在父母的负担之下得到履行。

人们现在把国家应当教些什么、应当怎样进行施教等难题转成党派论战的主题，徒然把应当使用于实施教育的时间和劳力消耗在关于教育的争吵上面；其实只要承认了强行普遍教育的义务，这些难题就一概可告结束。政府只要决心要求每个儿童都受到良好教育，并不必自己操心去备办这个教育。做父母的欢喜让子女在哪里得到怎样的教育，这可以随他们的便，国家只须帮助家境比较困难的儿童付学费，对完全无人负担的儿童代付全部入学费用，这样就足够了。要知道，由国家强制教育是一回事，由国家亲自指导那个教育是完全不同的另一回事；人们所举的反对国家教育的一切理由，对于前者并不适用，对于后者则是适用的。若说把人民的教育全部或大部交在国家手里，我反对绝不后于任何人。前文已经说到性格的个人性是怎样重要，又说到意见以及行为方式的歧异是怎样重要，所有这些都连带说明了教育的歧异也具有同样的不可言喻的重要性。要由国家主持一种一般的教育，这无非是要用一个模子把人们都铸成一样；而这个模子又必定是政府中有势者——无论是君主、是牧师、是贵族、或者是现代的多数人民——所乐取的一种，于是就不免随其有效和成功的程度而相应

地形成对于人心并自然而然跟着也形成对于人身的某种专制。这种由国家设置和控制的教育，如果还有存在之余地，也只应作为多种竞赛性的实验之一而存在，也只应以示范和鼓舞其他教育机关达到某种优良标准为目的来进行。实在说来，只有当整个社会状态落后到不能或不想举办任何适当的教育机关而非由政府担负起这项事业不可的时候，在“两害相权取其轻”的考虑之下，才可以让政府自己来主持学校和大学的业务；正如一国之内若没有某种形态的私人企业适于担负工业方面的重大工作，政府便可以自己举办联合股份公司的业务。但是一般说来，如果国内不乏有资格能在政府维护之下举办教育事业的人士，只要法律既规定实行强迫教育，国家又支付贫寒子弟助学金，以保证办学不致得不到报酬，那么，他们就会能够也会情愿根据自愿原则办出一种同样良好的教育的。

实行这项法律规定的工具只能是公开考试，施及所有儿童，并从早岁开始。可以规定一个年龄，叫每一儿童开始受试，以断定他(或她)是否已能阅读。如果有个孩子还不能阅读，对于他的父亲，除非他有可得原谅的充足理由，就可处以一笔适中的罚款，必要时还可叫他用自己的劳动来筹措缴纳，并由他负担费用把孩子送入学校。每过一年应举行一次新的考试，逐渐扩展考试科目的范围，这样就在实际上强制了所有儿童普遍获得特别是普遍保有一定的最小限度的普通知识。在这个最小限度之外，还应当有各种科目的自愿考试，凡精通程度达到一定标准的人可以要求发给证书。为防范国家会通过这些安排来对人们的意见施加不正当的影响起见，凡考试中甚至较高一级的考试中所测验的知识(除那部分工具性的知识如各种语言文字及其用法之类不计外)应当严格地限制在事实和实证科学的范围之内。关于宗教、政治或者其他有争论的课题的考试,不应当变成测验意见真伪,而应当只是测验事实知识,例如说某某作家、某某学派或者某某教会曾根据什么什么理由主张什么什么意见。在这种制度之下,方兴的一代在一切有争论的真理方面并不会比现在的一代陷于较为困难的处境;他们仍然和后者一样可以被培育成或奉国教或不奉国教的人,国家只不过照管他们成为有教养的教徒或者有教养的非教徒罢了。不阻挡他们在受到各种其他教育的同一学校中也受到宗教教育,假如他们的父母愿意的话。国家若试图在有争论的题目上使它的公民得到倾于一方的结论,就是一种罪恶;但是若要断定并证明一个人在任何所设的值得注意的题目上保有为做出结论所必需的知识,却是很正当的。一个攻读哲学的学生,不论他是信服康德(Kant)还是信服洛克(Locke)!或者甚至两个都不信服,若能既经得起关于康德的考试,又经得起关于洛克的考试,那总是更好一些;同样,若对一个无神论者给以有关基督教各种证验的考试,只要不要求他宣称相信它们,那也没有理由可以反对。关于较高的各部门知识的考试,我以为应当是完全自愿的。若让政府握有这样的权力,一说某人不够资格就不能得到职业,即使是不能得到教书的职业,那就未免太危险了。我和罕波尔特的意见一样,认为对凡来应试并经测验及格的人,都应授予学位或者其他关于学问成就或职业成就的官方证书;但是这类证件除会受到公众意见对其证言的重视外,绝不应当更成为在职业竞争上压倒他人的优越条件。

把自由的概念用错了地方,便会阻碍人们在最有根据可以认定父母负有道德义务的事情上认识不到这种道德义务，也会阻碍国家在有些最有根据应当课以法律义务的事情上不去课加这种法律义务；不止在教育问题上是这样。造成一个人的存在，这件事实本身就是人类生活范围中最有责任的行动之一。谁要承揽这个责任，谁要授予可以是祸可以是福的生命，除非那个被授予生命的人将来至少会有取得称意生存的一般机会，那就是对那个人的犯罪行为。在一个人口已经过多或者有人口过多的威胁的国度里，若生出为数稍多的孩子，结果会因有他们的竞争而降低劳动的报酬，这对于一切依靠劳动报酬维持生活的人们也是一个严重的侵犯。欧洲大陆许多国度在法律中规定，凡男女双方不能表现有维持一家生活的手段时便不得结婚，这并没有越出国家的合法权力的范围；这种法律无论定得合宜不合宜（这问题主要地要看当地的情况和情绪而定），都不能认为它违犯自由而加以反对。这种法律乃是国家为禁止有害行动而作的干涉；这种行动既然有害于他人，即使说还不宜加以法律的惩罚，也是应当受到谴责，受到社会的诟非的。但目前流行的自由观念却是：一方面，在看到一个人在只关自身的事情上遭到真正侵犯时，竟十分容易屈从；另一方面，对那人的意向，当任其纵情做去，结果是把一个或几个不幸的、堕落的生命加于后代，还会对影响所及的许多旁人以他们的行动通过任何方式引起多种祸害的时候，反倒反对施加任何约束。人类既这样奇怪地尊重自由，又那样奇怪地缺乏对于自由的尊重，我们只要把这两方面比照一下，就可以想象一个人竟享有一种不可少的为害他人的权利，却一点也没有只求自娱而无伤于人的权利。

最后，我还保留一些篇幅要谈谈一大类有关政府干涉的限度

问题，这问题虽与本文的主题密切相连，但严格说来却不在它的范围之内。有一类事情，其所以不容政府干涉的理由并不涉及自由的原则；问题不在拘束个人行动，而在帮助他们行动；这也就是要问，政府应否为了人们的好处而替他们办些事或者叫他们办些事，而不要把那些事一概留给他们自己去办，无论是每人各自去办或者是自愿联合起来去办。

不涉及侵犯自由问题而反对政府干涉的可有三种不同的情况。

第一种是，所要办的事，若由个人来办会比由政府来办更好一些。一般说来，凡办理一项事业或者决定怎样来办和由谁来办那项事业，最适宜的人莫若在那项事业上有切身利害关系的人。这条原理就判定了，立法机关或政府官吏不应当像一度通行过的那样干涉到普通的工业生产过程。这部分问题已经有政治经济学家作过充分详尽的讨论，而且和本文的原则也没有特殊的关连。

第二种的反对则比较切近于我们的主题。有许多事情，虽然由一些个人来办一般看来未必能像政府官吏办得那样好，但是仍宜让个人来办而不要由政府来办；因为作为对于他们个人的精神教育的手段和方式来说，这样可以加强他们主动的才能，可以锻炼他们的判断能力，还可以使他们在留给他们去对付的课题上获得熟习的知识。人们之所以主张陪审制度（在非政治性的案件上），主张自由的、平民的地方自治和城市自治，主张由自愿的联合组织来办理工业和慈善事业，这一点乃是主要的理由，虽然不是唯一的理由。这些都不是自由问题，只是在遥远的趋势上和自由问题有关；但它们乃是发展问题。这些事情，在另一场合，还可以作为国民教育的一部分来加以细论；这实在也就是说，它们乃是对于一个公民的特种训练，乃是自由人民的政治教育的实践部分，足以把他们从个人的和家庭的自私性的狭小圈子中拔出来，足以使他们习惯于领会共同的利益和管理共同有关的事情，也就是足以使他们习惯于从公的或半公的动机出发来行动，并以促进彼此联合而不是导致彼此孤立的目的来指导自己的行为。一个自由组织若缺乏这些习惯和力量就既不能活动也不能维持；如若干国度中政治自由不充分建筑在地方自由的基础上便往往只昙花一现，就是例证。纯粹地方性事务应由地方管理，巨大工业企业应由自愿出资者的联合组织管理，这两点之所以值得推荐，还有其更进一步的理由，那就是本文前面所提出的发展的个别性和行动方式的歧异性所具有的各种优点。政府的工作趋于到处一样化，相反，个人和自愿联合组织则会做出各种不同的实验，得出无穷多样的经验。政府所能做的有用之事，只是使自己成为一个集中保管者，积极地把多种试验所得出的经验分发和传播出去。它的任务在于使得每一个实验者不是只许自己实验不容别人实验，而是都能够从另一些实验者那里获得教益。

主张限制政府干涉的第三种理由也即最有力的理由乃是说，不必要地增加政府的权力，会有很大的祸患。在政府现有职能之外的每一增加，都足以更加扩大散布其对人们希望和恐惧心理的影响，都足以使得活跃而富于进取性的一部分公众愈来愈变成政府的依存者，或者变成旨在组成政府的某一党派的依存者。假如公路、铁路、银行、保险机关、巨大的合股公司、大学以及各种公共慈善机构等都变成政府的分支机构；再假如市政公会和地方议事会以及现在传留给它们的一切也都变成中央行政系统的一些部门;又假如所有这些不同事业的从业员都由政府来任用和支付薪金,因而其生活上的每一提高都要巴望政府来赐予;那么,即使有一切所谓出版自由和平民的立法组织,也不足以使这个国度或任何国度成为一个名符其实的自由之国。并且,这种行政机器愈是构造得有效率和科学化,网罗最有资格的能手来操纵这个机器的办法愈是巧妙,为患就愈大。在英国,近来有人建议,政府行政职务上所用职员一概应以竞试的办法来选取,以便为那些职务求得所能得到的最有智力和最有教养的人士。关于这个建议,赞成和反对两方面都有不少言论和文章。反对方面所最坚持的论据之一是说,国家的永久公仆这个职业在薪金报酬和显要地位两点上都并没有足以吸引高才的前景,那些高才总是能够在各种职业方面或者在公司和其他公众团体的职务方面找到更诱人的生涯的。我想,这种论据若由维护这个命题的朋友用来答复对于它的主要质难,人们不会感到惊异。现在竟出诸反对者之口,这就很奇怪了。这里所提出作为反对那个建议的制度的说法恰恰成为它的保险闸。如果一国中所有高才竟能都被吸入政府的职务中去,那么一个趋向于做到这种结果的建议才真足以引起不安。试想,假如凡需要组织协调或需要以广大和全面的见解来从事的社会事业,其各个部分都掌握在政府手中;又假如政府的职司普遍都有最能干的人来充任;那么,一国中所有扩大起来的文化和实践出来的智慧,除掉那些纯粹思考性的以外,势必都集中于一个人数众多的官僚机构,而群体中其余的人势必只注目在它身上来谋求一切:一般群众要做什么,须求它指导和指挥;有能力有大志的人们则向它谋求个人的升进。于是，谋求钻进这个官僚机构，钻进之后又谋求步步高升，就成为大家进取的唯一目标。在这种政制之下，不仅在外边的公众由于缺少实践经验之故没有资格来批评或约制这个官僚机构的工作，就是专制制度的偶然机遇或者平民制度的自然运用间或使一位或若干有志改革的统治者掌握大权，也不能实施与这个官僚机构利益相反的改革。从一些有充分机会的观察者的记载看来，俄罗斯帝国的可悲情况就是这样。沙皇本人也没有权力反对那个官僚集团；他能把那个集团的任何一人放逐到西伯利亚，但是他不能脱离他们或者违反他们的意志而进行统治。他们对于沙皇的每项诏令都有一个不声不响的否决权，只要不把它付诸实施就得了。在文明比较先进和反抗精神较多的国度里，一般公众既习惯于指望国家替他们代办一切，或者至少习惯于若不问准国家让做什么以至怎样做法便什么为他们自己的事也不去做，他们自然就要认定凡有临到他们身上的灾祸一概应由国家负责，而一到灾祸超过他们忍耐限度的时候，他们就起来反对政府而形成所谓革命；于是另一个某人，不论有没有向国族取得合法的权威，跃上了统治者的席位，又对那个官僚机构发布他的命令，而一切事态仍与以前无异，那个官僚机构既未改变，也没有别人能够取而代之。

在惯于自己处理自己的事务的人民当中，景况就迥不相同了。在法国，很大一部分人民曾从事于兵役，其中有很多人至少担任过下士级的军官，因此在每次平民起事当中总有些人能够担当领导，并能临时做出相当像样的行动计划。法国人在军事方面是如此，美国人则在各项行政事务方面能够做到这样；试令没有政府来管他们，美国人的任何一个团体都能即时组成政府，以足够的智慧、秩序和果断来进行那个或任何其他公共事务。凡自由人民都应该是这样;而凡能够这样的人民必定是有自由的;这样的人民永不会因有什么人或者什么团体能够抓住并控制住中央管理机构就让自己为他们所奴役。对于这样的人民,没有一个官僚机构能希望强使他们去做或者去经受他们所不欢喜的事。可是若在凡事必经官僚机构来办的地方,凡为官僚机构所真正反对的事就没有一件能办得通。这种国度的结构乃是把这个国族的经验和实际能力组织成一个有纪律的团体,为了对其余的人进行管治;这个组织自身愈是完善,它从群体各等级中为自己吸收并训练最能干的人员愈是成功,那么它对包括这官僚机构的成员在内的一切人们的束缚也就愈加完整。因为管治者自己也成为他们的组织和纪律的奴隶,正不亚于被管治者之成为管治者的奴隶。中国的一个大官和一个最卑下的农夫一样,同是一种专制政体的工具和仆役。耶稣会的一个个别会友乃是这社团的最卑微的奴隶,虽然这社团自身却是为成员们的集体权力和地位而存在的。

还有一点也不可忘记,那就是说,若把一国中的主要能手尽数吸收入管治团体之内,这对于那个团体自身的智力活动和进步说来,也迟早是致命的。他们既经结成一个队伍,运用着一个和所有制度一样必然要在很大程度上依靠定则来进行的制度,这个官吏团体便不免在经常的诱引下逐步堕入惰性相沿的例行公事之中,或者,假如他们有时也厌弃那种老马推磨的作风的话又猝然陷入这个团体的某一领导成员所偶然幻想出来的没有完全经过证验的、不成熟的见解里面。要遏止这两种貌似相反实则密切相联的趋势,要刺激这个团体的能力使其保持高度水准,唯一的条件是应对在这个团体外面的有同等能力的监视批评负责。因此，要在政府之外保有某些手段来形成这种能力，并给以为对重大实际事务做出正确判断所必需的机会和经验，这是必不可少的。如果我们还想永久保有一个有技巧、有效率的工作团体——尤其是一个能够创新和愿意采取改进办法的团体；如果我们还不想让我们的官僚机构堕落为一个腐儒机构，那么，这个团体就切不可把一切足以养成为管治人类所需要的才具的职业都垄断起来。

要判定那些对于人类自由和进步是如此可怕的灾祸究竟到哪一点就开始发生，或者更清楚地说，要判定那些灾祸究竟到哪一点就会压过在社会公认的领袖之下集体应用社会力量以排除社会福祉的障碍所得到的好处而开始成为灾祸；要尽量获致集中权力和集中智慧的优点而又不致把一般活动过量地转入政府方面，这乃是政治艺术中最困难最复杂的问题之一。这问题在很大程度上乃是一个细目问题，须从多种不同的考虑来看，而无法定出一条绝对的规则。但是据我所信，有一条妥当的实践原则，有一个心目中应存的理想，有一个足以测定旨在克服这个困难的一切安排的标准，可以用如下的字句表述出来：要做到符合于效率原则的最大限度的权力分散；但也要尽可能做到最大限度的情报集中，还要尽最大的可能把情报由中枢散播出去。譬如说，在内政的行政管理方面，例如在新英格兰诸省，凡不宜由直接有关的人们自己去办的各项事务，都应细加分类，各设官职，人选则由各个地方自行选出；但是在此之外，在地方事务的每一部门，中央还应各设一个监督机关，形成一般政府的一个部门。这个监督机关的职能是要把各地方在各该部门工作中所得各种情报和经验，要把外国类似工作中所得

各种情报和经验,还要把政治科学一般原则中所有各种情报和经验,全都集中起来,像集中在一个焦点那样。这个中央机关应当有权了解一切做过的事情,其特殊义务则在使一个地方所得出的知识能为其他地方所利用。由于它所处地位高,观察范围广,不为一个地方的琐细偏见和狭隘眼光所局限,所以它的通报自然就带有很大的权威;至于它的实际权力,作为一个永久性的设置来说,我以为应当只限于强迫地方官吏服从为指导他们而制定的法律。凡在一般法规中没有预作规定的事,一概应由地方官吏自行裁处,但要对他们的选民负责。若违犯法规,他们应对法律负责,而法规本身则应由立法机关制定;中央行政权威只应注视法规之执行,如见法规未得正当实行,应视事件的性质,或向法院诉请强制执行,或向原选机构诉请罢免那么照立法精神执行法规的工作人员。照它的一般概念说来,英国的中央救济会所试图施加于全国救济税管理人员的监督就是这样。它行使权力如有超过这个限度之处,在那种特殊情况下也是正当和必要的,那是为了要在不仅对各个地方而且对整个群体都有深刻影响的事情上纠正一些积习甚深的不良管理;因为,任何地方都不容有一种道德权利,可以因管理失当之故而把自己变成一个贫民窝巢,以致必然流向其他地方,从而有损于整个劳动群体的精神的和物质的状况。中央救济会之保有实行行政强制和制定附属法规的权力(但是由于对这个问题的舆论情况,他们很少行使这些权力),这在头等的有关全国利益的情事上固不失为正当,但若监督到纯属地方利益的事情,那就完全不适当了。但是,一个对各个地方供给情报并进行指导的中央机关在一切行政部门中是同样有价值的。一切政府的活动,只要不是妨碍而是帮助和鼓舞个人的努力与发展，那是不厌其多的。可是，政府一到不去发挥个人和团体的活动与力量却以它自己的活动去代替他们的活动的时候；一到不是对他们进行指教、劝导并有时指摘而是叫他们在束缚之下工作，或是叫他们退立一旁而自己去代替他们工作的时候，害处就开始发生了。国家的价值，从长远看来，归根结底还在组成它的全体个人的价值。一个国家若只图在管理技巧方面或者在事务细节实践上所表现的类似的东西方面稍稍较好一些，而竟把全体个人智力的扩展和提高这一基本利益推迟下来；一个国家若只为——即使是为着有益的目的——使人们成为它手中较易制驭的工具而阻碍他们的发展，它终将看到，小的人不能真正做出大的事；它还将看到，它不惜牺牲一切而求得的机器的完善，由于它为求机器较易使用而宁愿撤去了机器的基本动力，结果将使它一无所用。

图书在版编目(CIP)数据

论自由/(英)约翰·密尔著;许宝骙译.—北京:商务印书馆,2017
(汉译世界学术名著丛书:120年纪念版:珍藏本)
ISBN 978-7-100-14377-6

Ⅰ.①论… Ⅱ.①约… ②许… Ⅲ.①自由—研究 Ⅳ.①D081

中国版本图书馆CIP数据核字(2017)第153817号

汉译世界学术名著丛书
(120年纪念版·珍藏本)
论 自 由
〔英〕约翰·密尔 著
许宝骙 译

商 务 印 书 馆 出 版
(北京王府井大街36号 邮政编码100710)
商 务 印 书 馆 发 行
北京市十月印刷有限公司印刷
ISBN 978-7-100-14377-6

2017年12月第1版 开本710×1000 1/16
2017年12月北京第1次印刷 印张9
定价:45.00元